# 金色晚霞下

## （三）

### 僑窗觀景杏壇散論集

周 俊 良 著

文 學 叢 刊

文史哲出版社印行

國家圖書館出版品預行編目資料

金色晚霞下．三：僑窗觀景杏壇散論集 /
　　周俊良著. -- 初版. -- 臺北市：文史哲，
　　民 102.03
　　　頁：　公分.（文學叢刊；283）
　　　ISBN 978-956-314-085-6　　（平裝）

855　　　　　　　　　　　　102001979

# 文　學　叢　刊　283

# 金 色 晚 霞 下（三）

## 僑窗觀景杏壇散論集

著　　　者：周　　俊　　良
出 版 者：文　史　哲　出　版　社
　　　　　http://www.lapen.com.tw
登記證字號：行政院新聞局版臺業字五三三七號
發 行 人：彭　　　正　　　雄
發 行 所：文　史　哲　出　版　社
印 刷 者：文　史　哲　出　版　社
　　　　　臺北市羅斯福路一段七十二巷四號
　　　　　郵政劃撥帳號：一六一八〇一七五
　　　　　電話886-2-23511028・傳真886-2-23965656

實價新臺幣二八〇元

中華民國一〇二年（2013）三月初版

ISBN 978-956-314-085-6　　08283

# 金 色 晚 霞 下
## （三）
## ── 僑窗觀景杏壇散論集

# 目　　次

# 序　言

　　為《金色晚霞下 —— 僑窗觀景散文雜萃集、異鄉感懷集、杏林散論集》三書作自序（老年學寫二十七載）。

　　三十三年前在台灣，剛到達可退休年齡，就和當年的交通部電信總局，說聲拜拜，攜家帶眷來到了這人生地不熟的所謂「外國」。

　　當時號稱華人眾多的法拉盛，所能見到的黑頭髮黃皮膚族人，在十個行人中才不過三兩個，就已經被老外稱為第二「中國城」了。其實這個中國人才佔到兩三成的城鎮，似乎尚不夠格被稱為「中國城」。然而，時至今日，這塊我華人又喜稱之為「發達盛」的馬桶沖洗（Flushing）地上，中國人已經多得不僅可以稱得上「中國城」，甚至簡直像個龍傳人的「殖民」地了。

　　我之所以將其比喻成殖民地，是因為後來陸續來到此地的華人，一落下腳，就一點都沒有已經置身於「外國」的感覺，而倒像是到了國內的某個異地城鎮而已。在這裡，可以吃到中國家鄉菜、說中國話、讀中國報或看中文電視；甚至粗口罵人也會用得上咱們的「國罵」。原來在本鄉本土的一切生活陋習，也都可入境俗隨，肆

無忌憚地我行我素。那些國內的土豪劣紳、地痞流氓、惡棍騙徒等，也可寄生在這裡橫行霸道，而且與日俱增地繁衍著。不管是合法的，還是偷渡來的，一旦進得港來，就無視於「洋人」之存在了。

轉眼間，在這裡已足足過了卅多個寒暑；記得才初來不久，就發現我沒有能耐也沒有資格在這大千世界裡充當寓公。故而到此才三兩個月，就拖著病癒未久的身軀到處去「聞工」（搵工）（粵語找工之意）。回顧當初，由於缺乏在地工作經驗，加上語言溝通不暢，想找到個與原來本行相若的工作，簡直難似橡木求魚。當時，除餐館洗碗工沒敢去碰外，其他諸如為店家站街叫賣、搬運貨物、管理倉庫等，都曾到處去「聞」過；然而，老闆們見到我，比他們還像個老闆；這樣的四處奔波去「聞」的結果，當然是無「工」而返。

斯時，凡本地中文報刊上的招人廣告，都一字不漏地天天盯著看，終於有一天皇天不負苦心人，讓我找到一份「文員」工作；那是在一家西人所開的珠寶郵購公司，當一名騙死人不償命的幫兇。儘管所得工資只比法定最低工資多上一兩成，但我呷到了的頭路（台語，找到的工）還總算是個「文員」。

一面幫兇照做，一面仍然不斷地狩獵著其它工作；不久根據世界日報的報導，倒又聞到一份「文氣」味更濃郁的「助教」工作。此一公立高中雙語教育中心的所謂助教，相當於台灣高中裡的幹事；不過我實際幹的，

倒是爲該中心將高中數理科英文教材譯成中文的真正
「文」員。

翻譯官幹了不久，那位女博士老闆見我年紀一把，
且在國內公私立大專院校也曾兼任過教職，現在竟然委
曲至此，實在爲我叫屈不已；蒙她啓善心，大力鼓勵我
到紐約市教育廳考得了一張可以進教室當猴子王的物理
教師執照。當上「教師」，不單待遇要比當「助教」爲
高，還給我過了一陣子爲人師表的癮。

時至 1985 年，由於對這萬花筒般的花花世界已稍爲
熟悉了一些，復在百分之十的機率下，以高分考上了待
遇比較更爲優渥的聯邦郵政機構，在 JFK 航郵中心當一
名高級電子技術員。自此，山姆大叔又整整養活了我一
家老小十年；第二度退休時，已年屆六十又六。

在郵局所擔任的工作，與我原來的本行（通信技術）
還算相近，平常輪值（以小夜班居多）時，推著工具箱
躲到大型機器後面，聽候呼叫（用無線呼叫器）差遣，
去排除各種自動分信機器設備的故障。一天八小時班務
內，被呼叫的次數並不頻繁；爲打發前半夜空閒時的無
聊、孤寂，遂興起伏在工具箱上學塗鴉鴉的念頭。

因爲我打從念初中起，到大學畢業的求學期間，所
接受的都是有關工程技術方面的教育，對文史課業較少
獵及；每當上作文課時，那支筆就有千斤之重。不但自
幼所學就是工程技術，畢業後從事的也屬「黑手」（台
灣對技術工作者之暱稱）工作。就業後除了偶而編擬些

計劃書、工作報告等外，很少有書寫長篇文字的機會。到後來擔任職位比較高時，更只需在公文書上畫幾個諸如閱、如擬、可、准等，官腔字樣就可。爾今要我寫「文章」，那得要從頭自學起。

起初，在我自己研發成功的中文電腦輸入法尚未能付諸實際應用之前，只能求諸紙筆來塗塗寫寫。先將所識的幾個方塊字左勾右劃地拼成辭句，繼而再串起來構成段落。在短短一篇文章的寫作過程中，往往弄得滿地都是紙屑紙團。要使文字看得順眼，還得一再騰清；若要投稿，更要騰正到傳統式的稿紙上後方能投郵。到電腦能為我「執筆」之後，雖然文章還是寫得沒有什麼長進，但得到電腦的種種優異功能之助，大大地增加了我作文的意願。

開始所寫只是些個人的浮生雜記；其目的只是留存自賞，或留給兒女作為紀念，而並沒有去賺幾文稿費的念頭，更不敢有當作家的妄想。稍後，以退休同仁身份，試著向台灣原服務單位的刊物寄去一些「海外通訊」之類的文稿，竟然屢蒙採用，並獲稿酬，由此鼓起我試向本地報刊投稿的勇氣。

適逢此時，本社區有個頗具影響力的時報（週報）才創立不久，我戰戰兢兢向其出擊；經幾次試探，竟然讓我進得其門，而成為每週至少一篇的供稿者。雖然稿酬總是掛在他們的帳上，我卻有了一塊可任意栽種的園地。人家八十歲學吹鼓手，未必能識得譜兒；如今我年

近花甲才來學塗鴉，當然也不會懂得什麼「章法」。承蒙報老闆寬待並指引，讓我在他這塊園地裡高興得隨地打滾。因園地寬闊，我就什麼題材都寫，不過多以親自所見所聞，形形色色的社會百態爲主題；卻很少虛構故事來無病呻吟。

該報聲譽日隆，廣受廣大讀者喜愛。稍後，報老闆鑒於社會大眾對讀物之鍾愛與渴慕，迳又增加了一名爲「茶餘飯後」的雙日刊，使我這行外的供稿者，也體味到所謂「趕稿」的情趣。

後來不知因何緣故，該時報突然從本社區銷聲匿跡，我那塊正辛勤耕耘的良田也隨之而去，使我有頓失棲身之所的感受，好不惆悵。多時來好不容易培養成的塗鴉興趣，實在不捨其遽然褪去；爲要繼續滿足個人發表慾，就試行另找園主。於是向諸如「海外學人」等其它報章雜誌，甚至網站等投石問路。稍後，單就世界日報的家園版、世界副刊、上下古今、讀者投書或迴響欄等園地裡，也時有小名（或鐵夫、或景亮，或金亮、或本名周俊良）的出沒。

自從年近花甲開始學寫起，到年屆八十的二十多年間，我在電腦記憶體裡灌進的中國字，連傳紀性報導和科技性論述在內，約有近百萬之多。曾在各種刊物登載過的散雜文也毛有四五十萬之譜。其內容大致包括浮生雜記、祖國行腳、僑窗見聞－僑社百態、眾生相、杏壇外記──有教無類、時感隨筆、莞爾集等篇章。有些如

我見我聞之類的篇章，分類集合來，可印成供新移民參考的手冊。

　　三年前，當年屆八十之際，曾想出一本文集作爲自我慶生之紀念。但因爲篇幅過於龐大，難以容納於一冊。經再三取捨，我只將透過「僑窗」所見所聞的篇章印成初稿，經數算結果仍嫌太多，逐又將未在各報章雜誌出現過的篇章予以剔除，而使篇數減少。

　　從這本「僑窗觀景」文集裡可見，所有的篇章，都在這二十多年間，曾先後在各種刊物上登載過（在每篇結尾都註有刊物名稱和日期）。經以此原則再篩檢後，仍有百餘篇之多。編排時將這百餘篇章分成諸如浮生雜記、人世間、僑窗見聞、眾生相、杏壇外記、生活隨筆、感懷記事、以博莞爾、遊踪萬里、街頭巷尾、美國公立中學教育制度種種等類；在同類篇章中又多以刊登日期爲其先後。

　　我之所以要選擇被各報刊雜誌採納而刊登過的篇章，一方面可以此限制數量，另一方面認爲，既然所有篇章都曾由報章採納登載過，也就增添了印此文集的信心與勇氣。

　　另外，今次爲《金色晚霞下 —— 僑窗觀景散文雜萃集、異鄉感懷集、杏林散論集》三書之印行，也有點受到外來因素的催化。因爲我常在友朋間提起，近來在中文刊物上時常見到有關僑社的新聞、報導、議論、華僑生態乃至子女教育問題等，其中有許多是我多年前，就

曾在各報紙雜誌論及過的類似話題。如今此一小冊之印
出，也正巧可證明我所說不虛。

　　我原不是個文人，也不是個作家，塗鴉鴉只是我晚
年的興趣，文章能見報便是我的滿足。對於出書，我是
外行，實在感到惶恐；尚請各位大師、方家和讀者大眾，
不吝指正、鼓勵是幸！


　　　　　　　　　八四老人　**鐵夫**　謹識

# 第一篇　美國公立中學教育
## 制度不同的種種

# 一位高中雙語教師的追憶
## —— 一冊新移民學生家長送子女上中學的指南

周俊良

## 前　言

　　自從進入紐約市公立高中的雙語教育中心工作以來，雖然是斷斷續續的，但一晃已經是十個年頭；在這三千六百多個日子裡，倒有許多事物可供諸新僑參考；諸如求職與進入雙語教育中心之經過、中文與工作、助教與執照教師、華人家長與學校的聯繫、問題學生的問題所在（不同的家庭背景發生不同的問題）、幫派之侵入、學生打工與學業成績及其將來、美國式的教育、尊師重道與 animal、種族歧視與衝突、高智商低能兒之形成、義務教育與高中畢業、華生之受寵、留而不學的留學生、華人家長對子女教育的態度、孩子有乃父之風，毛老師的遭遇，家長的助勢，校區與校警權職範圍，航空高中的紀律為何不同……等都是想涵蓋的主題；因涉及的面太廣，且無法將它有系統地串起來寫成「一套」

連貫的「書」，所以想以「標題」的「記事」方式寫來，也許比較自由而沒有束縛。

## 從文員到教員 (上)

不說一句英文也能找得到「洋工」在台灣，因健康欠佳理由提早從電信總局退休下來；一方面需要休養，一方面要等待正在空軍高砲服預官役的大兒子退伍，故並沒有立即束裝隨太太和其他兩個較小的孩子同行，整整壓了一年的寨，才最後一個來到美國紐約。那是一九八一年的事，距今已整整十一年了。

本來因係提早退休，所得退休金就不多，經過一家五口的大搬遷，又經一年的兩頭開銷，等我到了這裡不到三個月，發覺當時以一比三十八九的匯率，用原來為數有限的台幣換來的美鈔，一天少似一天，心裡難免恐慌發毛；原來幹建築師的太太，整天汗流浹背拿著熨斗替人家燙毛衣，一天下來還難求得一家溫飽，眼見這樣坐吃山空，絕非良策，於是硬著頭皮，拖著尚未完全復元、且尚待適應新環境的疲乏身軀，邁出家門，走向陽光「搵工」（找工作）去也。

像我等幹了二十七八年技術官僚的初來剛到者，要找一份「適合」身份的工作，絕非易事；在出國之前雖有過脫下長衫捲起袖子進廚房洗碗的「決志」，但由於健康方面的顧慮，總還不敢貿然一頭就栽進去；不論待遇厚薄，總想巴到個把「文」員幹幹，所以我「搵」工

的方向一直是繞過那些民以食為天的場所而行的。起初也曾試著找找我的本行工作 —— 電信工程，或電子工廠，可是在人浮於事的當時，沒有人願意找一個毫無當地經驗，且語言有障礙的人來增加他的負擔，更不會有傻子會請我去當什麼處長或總經理（在台灣擔任過）。就在百般無奈的情況下，找到一份郵購珠寶公司的「文員」工作，算是我辛苦奔波的勝利成果，當時倒也興奮過一會兒。

當時能得著這份文員工作，得拜我「是」炎黃子孫之賜；我是看了世界日報分類廣告去應徵的，那是中城一家郵購珠寶公司，報上的應徵條件是對英文要能聽、能讀且能寫；這語文上的條件雖令我躊躇不前，但在探個究竟、總得有個頭一回、不妨一試的心態下硬著頭皮踏上了征途。因為自知希望不大，並沒有患得患失的心理，然而坐在會客室等候面談的時侯，仍難免忐忑不安，同時不住猜想著主試人的模樣，並背誦著自己識得而待會兒可能用得上的幾個英文字。正陷於沉思中，卻聽得急促的腳步聲從遠而近走向這邊來，不一會，只見一位短小精幹型、留著兩撇小鬍子的東方青年人，走上前來對我說「您好！」，當時略為一怔，卻被那頗有親切感的鄉音帶回到現實的境界，很清楚地意識到站在我面前的就是將要決定我能不能得到這份差事的人。雖然精神上的壓力因此減輕了許多，語言上的顧慮也消除了，但反而更要戰戰兢兢去全力以赴，把握住這已經減少許多

障礙，且成功已在望的美好機會。

　　賓主隔桌相對坐下後，我原以為就要開始「面試」，他卻和我聊起家常來了。

　　彼此用在台灣聽慣了的「國語」聊了許久，幾乎忘了彼此在 interview。

　　從談話間得知他是越南華僑，曾是台中東海大學的僑生；他誠懇而健談，他熱愛中國人，更有尊敬長者的美德，實在難能可貴！他大概可憐我一大把年紀還拖著虛弱的身體去「搵」工，同時又知道我也曾在大專院校誤過人家子弟，不待進一步面「試」，就站起來親切地握著我的手，吩咐我明天去上班。當我彎腰鞠躬向他道謝時，他卻回答我說：「您是長輩，不用客氣……」。我就這樣未講一個英文字，在洋公司找到了在美國的第一份「洋工」。

## 從文員到教員（中）

　　不願做「騙死人不償命」行業的幫兇自從大學畢業進入電信機構為公家服務二十七八年以還，除頭三年當過實習技術員和技術佐理員外，一直是掛有頭銜的公務員；不管是芝麻大的股長，還是後來的處長甚或總經理，無論大小向來總是個管理階層；此番淪為被管理者，大概有點外國月亮比較圓、且技不如人的自卑心理作祟，所以毫無「虎落平陽」的感慨；反之，看在每天二十四元的美金份上，我的勤奮與認真，都比自己將近三十年

來所管過的職工要乖得多。

　　早九晚五是我打工的時間，因為遲到早退都會扣錢不說，弄得不好還有被炒魷魚的危險；所以在每天上下班的尖峰時間，都得在潮水般的洶湧人群中衝鋒陷陣。從我住處乘一道公共汽車之外，還得轉兩路地鐵才得到達工作地點。我乘七號地鐵的地點雖是起站，但是我這矮個子總被封在林立的肉牆當中透不過氣來，對病後需要隨時隨地休息的我來說，這三四十分鐘的體力消耗，是很大的損失；稍後在世貿大樓上班的女兒告訴我一個訣竅 —— 如果在第一站「坐」不到，當車到第二站榭體育場立即下車，換上回頭空車，「坐」到底不下來等待再發，這樣就可在中央車站換車之前閉目養神打個盹，不過從家出發的時間就得提早十幾二十分鐘。傍晚放工回家，在中央車站換乘七號地鐵時，往往能夠「插」上一腳已經是幸運兒了，為了想有得「坐」，也只好先乘上回頭車到時報廣場的起站，等待再出發；因為從中央車站到時報廣場，只隔一個第五街站，所以車廂幾乎總是空的；雖然也有不少像我「坐」回頭車的人，但總不難找到一個自己認為「安逸」的位子坐下。因為此一回頭車到了時報廣場，在上下班尖鋒期間，必定會馬上開回法拉盛緬街底站，所以只要在中央車站一上回頭車，就可安心（沒有過站誤事的顧慮）與周公打上個把鐘點的交道。如果到站還繼續在熟睡，會有善心的「同車」人將你輕輕叫醒，不致再被原車帶回時報廣場而耽誤晚

餐時間。

　　我的工作是拆信、批價、核計支票，然後交另一批人去將其所定的貨品封入信封寄出；通常此時還會將一些新花樣的廣告單塞入一起寄出。這是本輕利（極）重的行業，他們利用婦女愛慕虛榮、或老年婦人迷信貪婪的心理，做些誘惑人，或謠言惑眾的宣傳（例如買回去天天向它膜拜可以帶來好運或可致富的幸運石之類）後，自會收到無數的信和支票；旺季的時候四五個人專門拆信收支票還來不及，可見其「業務」之興盛！至於寄出的「珠寶」呢？卻都是些地攤貨，有些來自台灣的「首飾」，還沒封發，其金屬部份就生了鏽，真會叫我們擔任裝貨、來自台灣的工作人員看了有點臉紅！來的信封中不少附有書信，有的短短數語，也有長達數頁的；有破口大罵表示抗議者，也有來細訴如何省吃節用將有限的退休金甚或社會救濟金省下來買那幸運之石的。當然大多數希望能得到回音，但老闆交代是一概不予理會，不容我們細讀就要扔進碎紙機。這一行檔看上去好像抹了良心的詐騙，但是那是買賣雙方一個願打一個願挨、兩廂情願的勾當，所以我稱它為「騙死人不償命」的黑心行業，我等幫忙替它數鈔票的當然就變成幫兇了。

　　我能如此順利「搵」到這樣一份「文員」工，算是個幸運兒而應該好好幹下去才是，可是那比當時 3.35 元的基本工資才高出四毛的一小時工資，一天辛苦下來，扣了苛捐雜稅、來回車資、和一頓必須在外消耗的午餐

費後，真正能拿回家向老婆交帳的，就沒有幾文了。同
時，因其業務量不穩定，常常做一天沒有一天的輪流息
工，甚至還有被辭工的可能；雖然管理我們的湯先生（就
是那位「面試」官，大家暱稱他為「湯總管」）很善待
我們，但他也無法擔保任何人能幹多久；同時我們上了
年紀的人，每天為了二十四塊美金，幫著數那抹泯良心
騙來的錢，總是有些罪惡感，所以不得不另謀他途。

　　騎著馬找馬的決心才下了沒幾天，在世界日報的社
區消息版上見到一則有關於公立高中雙語教育中心招請
雙語助教的消息；因為我能適合其要求的條件（只需國
內外高中畢業），就向該「騙死人不償命」的公司告了
半天假去應徵了，過不久我就變成領有教育派司的「教
育界人士」；一晃就是十個年頭，至今我雖然是郵政機
構的技術人員，但從未與學校脫離過干係，因為我還時
常兼差為學校翻譯一些數理或機電方面的教材。

## 從文員到教員（下）

### 老師與教員

　　因為徵聘「助教」的單位，是某公立高中的「中英
雙語」教育中心，其主管是中國人，所以在面談之前對
於語言方面的壓力似不如應徵「文員」前那麼大；不料
主持面談的那位女主管，不知是有心的面「試」，還是
無意的「習慣」，當我一進門她就不管我聽懂與否，嘰

哩咕嚕講的全是英文；這突如其來的**襲擊**，我只得愴惶間使出全身解數勉力應付，一番對答當然難以如「流」；表面上有問的都有了「答」，可憐我經過了那漫長的幾分鐘，卻已緊張得縱然在那春寒料峭的天氣裡，還是汗流浹背、滿頭冒煙了；這還是我正式用英文交談這麼久的第一遭，而且我十分在乎這份工作，實在叫我瀟灑不起來！？

從稍後遇關鍵字眼夾用中文，到後來乾脆全用國語「暢」談來看，她之一開始就說英文，的確是為了「考試」。相繼她要我用打字機寫一段「作文」後，並考了我是否真會「寫」中文。當時該中心正在重新佈置，並且一切即將就緒，大家商量如何為門口掛個招牌時，主任忽然福至心靈地問我能否為中心寫幾個大字貼在門上，我當然欣然同意。好不容易在這種「洋機關」裡找到一枝禿了頭、乾得一折就斷的毛筆、和一瓶快乾涸完的墨汁，很不順利的寫完招牌上應有的字，我自已雖然很不滿意，但卻在一片讚美聲中被七手八腳地貼上了辦公室的門上，這大概也是我後來被錄取的有力保證之一吧。這塊招牌雖不盡人意，但倒也一掛就是幾年，一直到辦公室遷移才被洗涮掉。這是我靠中文混飯吃的又一例證。

開始上班，對那用課桌拼湊而擠得不能轉身的辦公室，想起當年在台灣外有會客室的一人辦公室，難免有點傷感！稍後當我發現在辦公室的同事，無論是老師或

是職員，除了我一個是十足的土學士外，個個都是具有洋學位的飽學之士，博士碩士也不乏其人時，心裡也就舒坦多了。

名義上我是助教，但跟老師到教室去的機會並不是很多，主要的是在辦公室做些支援工作，很像台灣中學裡的幹事。雖然我曾在台灣大專院校教過書，但對這份工作還是挺新鮮有趣的。尤其美國中學教育制度與國內的有很大的差異，要學習的地方很多。當然並不是樣樣都比國內的優越，但受雇於人家總得照他們的規矩去辦事。說實在的，大多數留美的博士碩士，甚至學教育的學成回國，對美國中小學裡的教學情形所知道的不見得比我們在中學裡做過幹事的知道得更多。如果沒有實地在中學待過，或上過美國中學，裡面的情形憑想像，是會很大的距離的。

我們是按時計酬的，每小時的單價雖比文員高出一倍多，但工作的時間只限於五個半小時，所以整個算起來收入並不多多少。不過我還是喜歡這份「教育」工作，除了不必那麼勞碌奔波趕三關外，下午三點半就可上得大街買菜回家了，有時間幫老伴燙毛衣，也有精神幫甫進高中的幼兒溫習我也得勤查字典的功課。

雖然在學校已經開始工作，但一定要到教育廳蓋了手印才能將領薪水的人事資料建立完成。第一次踏進教育廳，很明顯的發現一個現象，在擁擠的辦公室裡似乎只有兩種人，居主管職位的絕大數是猶太人，辦公室辦

事的幾乎清一色黑鴉鴉一片，氣氛有點令人窒息。由此可想而知，爲甚麼在教育系統包括各級學校裡，會有「猶太人把持」的傳說。

中心主任常顧念我「大才小用」太過委曲，尤其是那微薄的待遇不足養家，希望我能取得一張教師執照，進教室去教書（紐約有嚴格規定，沒有教師執照是不允許單獨進教室執教的），待遇就可改善許多。可是我既不是學教育的，又不是這裡的留學生，至少要補修若干教育學分，才有報考的條件。且我本身也因語言沒有信心而有自知之明，一直不敢作非份之想。這樣安份守己過了相當一段時間，教育當局鑒于缺乏數理教員，尤其雙語的教員難求，突然放寬條件，甄選數理教員，沒有教育學分的可以帶職進修後補，當時只要出示相關科系學分足夠的成績單，經審核通過就可參加甄「試」。在這難得的機會下，加上主任大力敦促，硬了頭皮趕快向國內母校請了一份沉了底的成績單，急急忙忙往教育廳報了去，經約談並逐項審核認定我可報考中英雙語高中物理教師執照後，不久就收到「考試」的通知。

打從上學以後，就與考試結下了不解之緣，一生中所經考試之多，以身經百戰形容之實不爲過。雖從來未嚐敗績，但每次考前試後的焦急與緊張，常使我寢食不安。即使「解甲歸美」住在法拉盛後，還常在夜裡爲考試的夢魘驚恐不已，往往被老伴推醒後已是汗流浹背；滿臉驚惶失措之狀，常爲老伴取笑話題。每當夢醒回歸

現實，並重新證實我已是退伍老兵時，一定會安心地倒頭就重睡，而睡得特別香甜，因爲已經知道我不要再上沙場拼搏了。

但千萬沒有料到，惡夢才漸漸要從記憶中褪去，這廂又要我重披戰袍，尤其這是一場有關「生」計之戰，所以接獲通知後頓時又陷於惶惶不可終日的備戰狀態。這是全然陌生的戰場，既不懂得戰略更不懂得戰術，甚至敵人在何方都難以捉摸，真懷疑自己能否得個全屍而回！？

考試分爲三個階段四個部份，第一階段是英文作文一篇，第二階段是同一天的面談兼中文口試兩部份，第三階段則擇期在某高中舉行的物理實驗。英文作文的題目，是有關教學方面的三百字論說文，除了不得有幾個錯字或文法錯誤外，也不能太過文不對題，對我來說的確是一場毫無把握的仗。所幸我在事前拿出龍傳人的猜題本能，背了幾篇相近的短文，尤其那篇同事剛才出爐且與教學相關的博士論文片段，我熟背後只需改頭換面一下，就毫無痕跡的套用上了。

主持面談和中文口試的雖然是自己的老闆，但他事先並未將考題泄漏於我，不知要考的是什麼，同時從頭至尾都有錄音機全程監視，倒反而不敢稍有忽怠。除必需口頭回答一些由教育廳發下的問題外，還要朗誦一段唐宋時代的歌賦詩詞，讀後並且要作口頭解釋，說起來並不比在國內考國文容易到那裡去。縱然中文成績所佔

比重不是很高，但總要考得及格才能過關。

　　至於物理實驗對當年學電機的我來說並不難，問題出在我從來沒見過這裡的實驗情形。一進門只見桌上放了許多拆開的諸如鐵釘、電線、重垂、線索、斜面、直尺等組件，和一張上面寫了幾個問題的白紙，監試員將我帶到桌前，他就自顧自坐在一旁看報紙去了，一時我還不知從何下手呢！經一番苦思，盡力回憶起四十年前自己做物理實驗的情景，終於將紙上的三道題毫不含糊地一一填上了正確答案。

　　考試是在學期結束之前，在下學期開學不久就被排課上教室了。開始排的是兩班同程度卻不同時間的雙語 Genral Science。按照規定每位老師至少要上到五節課，但因為當時中國學生不多，兩個班級還是勉強湊成的，如此學校所付成本太高，為求合乎經濟原則，同時見我來自「雙語」教育中心，且是握有執照的「中國」人，於是七拼八湊開了兩班國（中）文課，還有一節時間列為輔導課，算是便宜了我，但也遭到同事的嫉妒，尤其負責行政的副校長一直對此耿耿於懷。

　　在此之前，同學們見我年紀一大把，在學校裡進進出出，總喊我一聲老師，這完全出於中國人的傳統美德，我自己聽來總有些不自在；自從有了執照，雖然是一張臨時的，我可是貨真價實且具有「教員」資格，受之無愧的「老師」了。

## 新移民學生家長對美國的中學制度應有所認識

　　根據我在紐約公立高中工作前後十年的經驗，在前文中曾說過「……說實在的，大多數留美的博士碩士，甚至學教育的學成回國，對美國中小學裡的教學情形所知道的不見得比我們在中學裡做過幹事的知道得更多。如果沒有實地在中學待過，或上過美國中學，裡面的情形憑想像，是會有很大的距離的。……」，一般的新移民尤其難以瞭解。在許多新移民學生身上的問題，就是因為家長們對美國的中學制度欠明瞭而發生的。現在容我先就自己幼兒從移民來到紐約，進入初中三年級起，到高中畢業乃至上大學的就學過程作一敘述，其中有許多問題是值得提供給新移民參考的。

## 有關「高」「初」中修業年限

　　幼兒是在台北私立延平中學念完初中二年級來美的，啟程的日期刻意挑在趕得上此間開學的日子。抵美後，一經決定要在法拉盛住下，內人（該時我尚留在台灣未來）第一件大事就是為他找學校繼續升學，這也是我們要辦理移民的最大的心願與目的。此地像國內一樣，初中和高中是分設的，小兒初中尚未「畢業」，內人想當然的要為他找一間初中讓他插班進去。就在她也來美才兩三年的二弟協助下，安頓到附近的初中（JUNIER HIGH）念初三，也就是此地所謂的「九」年

級。我則在第二年八月底也是幼兒「初中畢業」後來到紐約，於是陪伴幼兒「進」「高中（HIGH SCHOOL）」，是我這身為父親的家長，義不容辭的當然任務了。

　　當我帶著幼兒（其實是他帶著我，因我該時連路都還不認識）去辦理「新生」註冊時，才發現在這個按照學區分發去的高中裡，幼兒並不是他們的「新生」，而是該校第二年亦即十年級的「插班生」。此時才理解到此地的「高中」（HIGH SCHOOL）是四年制的，我們所謂的「高一」，也就是此間的九年級；幼兒既已上過九年級，當然是「高二」（即十年級）的「插班」生了。同時也才知道，在初中（JUNIOR HIGHSCHOOL）是可以上到九年級「畢業」的。高中與初中間有一年，也就是九年級是重疊的，對學生就學年限倒並沒有什麼「吃虧」的地方，但是學生當不到「新生」而要他「插班」，在適應上總是會受影響。尤其對像幼兒這樣的新移民少年而言，來到這一完全陌生的環境中才一年，就要他再次插班，一年兩次面對班上的「舊生」去求適應，在其年幼的心理上肯定是一大負擔，也難免會影響其學習成績。雖然幸未導致其因此曉課逃學，但是如果身為家長的我們早知道此一學制，當能免掉其這兩趟「插班」之苦。

## 有關學區與轉學

　　此間的義務教育是到高中畢業，凡居住在美國的居民，不管你是什麼身份，只要是在適學的年齡，都有上

學到高中畢業的權利與義務，因此在每個社區都設有足夠的公立初中和高中以應需要。除了少數幾個明星高中和私立學校是要憑考試成績入學的外，絕大多數中學是根據學區分發而免試入學的。因為入學時必須提出學生監護人的住址證明（如電話、水電費通知單等），所以有些華人就將自己的子女送到好學區的親戚朋友那裡去「寄養」並「托管」（被監護），這和在台灣遷戶口選學區的情形很相似，當然學生每天上下學就得捨近而求遠、多走路。

## 小兒轉學插曲

　　幼兒在辦理高中入學時，也發生一段有關學區與轉學的插曲。他原來念的是法拉盛一八九初中，畢業後按照規定應該分發到位於同一學區的約翰勃恩高中就讀，報到的那天我們夫婦倆都陪著他前去。當我們一過長島公路，就遠遠看到位於一個非常整潔的公墓對面的該校校舍。因為我才初到，尚沒有見過其他中學的模樣，是好是壞，無法比較，不過單從其外表來看，我打從心底慶幸幼兒能有進這個學校的機會；尤其甫進大門見到幼兒頻頻和當天也是來註冊的中國「朋友」（有年級比他高的，也有同年級而在該校已經是「舊生」的）打招呼，顯示他在這個學校不會孤單落寂，更增強我將他「送」進這個學校的決心。可是當我們正要排上隊伍，他卻悄悄將我們拉到一角，說是不要「進」這個學校，而想「轉」

到一個與我家等距離的法蘭西司魯易斯高中去。他這一突如其來的提議確實將我楞住，也把我難倒了。我之爲難並不單是因爲我對這個學校已經一見鍾情，而是我剛來到此地才不到一個月，對這新環境中的事物茫無所知，何況自知語言溝通大有問題，根本不知應該如何著手進行。所以雖然已脫離隊伍，還是想盡力使他能回心轉意。我們在學校的走廊上反覆討論時，一位穿戴挺拔的黑色紳士（後來我到該校工作時，得知他是當時的安全負責人）前來陪我們繞著圈子介紹環境。當他告訴我們該校的操場和中國人所熟悉的皇后學院操場相接、右邊又和紐約市立大學的法學院一牆之隔⋯⋯這是個絕好的讀書環境時，真希望幼兒能有所動，可是結果還是被幼兒的言語所說服而「轉」了學。後來當我進到該校的雙語教育系統工作時，發覺當年才十四五歲的幼兒的「執著」，還真是個聰明而正確的決擇。

　　我之「同意」，是因爲他言之有理，尤其是因爲他有勇敢的進取心。他說他之「臨陣」要「逃」，並不是發覺對該校有什麼不滿意的地方，而是沒料到會在那裡遇到這麼多平常在籃球場上相識的熟朋友。他想這一年來，除了在教室裡上課外，其他的時間幾乎全部都和這幫容易認同自己的同族朋友混在一起，以致妨礙了英語的進步，也影響了學業；現在目睹即將要有更長的時間與這些熟人一起作息，所以應該盡量設法迴避爲是。

　　既然去意已堅，就立即著手辦理「轉」移手續。我

們的目標雖已定為法蘭西司魯易斯，但對該校的情形更是陌生，同時也不知道學區問題應該如何解決。我們硬著頭皮搭乘公共汽車到該校，說明了來由後，也正在辦理註冊的老師第一個要瞭解的就是學區問題。經他查閱，發現我們不久前才遷入的住處，這條街的雙號一邊是屬於約翰勃恩的，另一邊則是法蘭西司魯易斯的。我們住的雖是雙號，然而他仍以「該條街也屬於該校學區的」為由，很熱心也很和善地網開一面答應受理。可是沒有想到，幼兒因為辦的是「轉學」「插班」，必須憑由原來就讀九年級的初中所備的學生資料才能辦理。由於是項資料在幼兒畢業時，已經由一八九初中送往位於同學區的約翰勃恩高中，所以必須回到約翰勃恩去將其資料取出。雖然結果是功德圓滿，但在其辦理過程中，卻因幼兒本來理應屬於該校的關係而遭到一些阻力。後來當我進入雙語教育系統工作後才發覺，他們所以之不願任由幼兒「轉」出，是因為少了一個學生，會平白地少一份政府給他們的補助。既與鈔票攸關，難怪要多方刁難作梗。同時我也才理解到為什麼法蘭西司魯易斯高中要假裝糊塗、網開一面，任君入甕了。

## 學年與學分制

美國高中的修業年限是四年，亦即從九年級讀到十二年級，在這四年中必須修滿四十四個學分（正確數字不復記憶，也許現在會略有變動）才能畢業；這很像在

國內常聽說的學年學分制，可是此間高中裡所謂的學分，其計算方法與我們在國內大學所知道的又不同。所謂一個學分，是指一個課目在一個學期內，每天上一節課，到學期結束，考試及格者可得一學分，每天上課兩節者則得兩學分；有些科目每天一節但只要半個學期就可教完的，則和另一個接著在下半學期上完的課目合計一個學分。在高中裡一星期上五天課，每天課程都一樣，所以學生所持的課程表，實際上只有一天的PROGRAM。

　　一般高中裡有約八十八個學分可修，由此可見，除了在畢業所需的四十四個學分中，有一定數目的必修科外，有許多科目可供學生自由選擇。有的要根據自身程度才有資格選修，例如微積分、物理、化學、電腦學、生物學、文藝寫作等；有的可根據個人興趣作選擇的，如雕塑、繪畫、音樂等，其他還有可供學得一技之長的（各校不同），如打字、修車、園藝、駕駛、製圖、甚至木工等。

　　如有人能將高中裡的學分都修完，則可稱得上是個全才的高中畢業生。事實上要在四年內修完這麼多的學分，幾乎是不可能的事。除非故意留級，延長在高中裡學習的年限，但誰都不會去幹這種浪擲青春的傻事。同時美國的教育政策，是不鼓勵留級措施的；即使有，學生一到二十一歲也就會被請出高中大門；如果其時尚未取得高中文憑，則可到專為要以同等學力取得文憑的補

習學校去補修並接受測試。

　　據說所以之有這種女大不中留的措施，主要的是基於政府培養一個高中畢業生的「成本」考量。

## 分班與選課

　　中國新移民的家長，將子女送進中學念書，總希望能編入一個「好班」，所以每當開學註冊的時候，常有許多家長像在台灣一樣，前來四處打聽拜託。其實，此間的中學並沒有好班壞班之分，只有教學深淺之別。高中既屬義務教育，社區的公立高中對本社區的適學學生就得來者不拒，因為學生人數眾多，所以同一年級的學生都會分成許多的班。這個「班」上的同學只有在導師早上點名（或學校有所宣佈），或上諸如體育等共同課時一定在一起外，其他時間，則各自到被分發的教室去上不同的課，所以即使是同班同學，所持的 PROGRAM CARD 不一定相同。

　　至於各自所應該上的課，是由學生顧問根據學生個別成績來決定的，其主要的目的是要使得教與學都能達到最大的效果。即使在編班之初，學生顧問對從外國轉來的學生程度鑑定不準而將之編入程度太高或太低的班級，到第一次期中考試就可發現出來，有的是老師主動為之轉班，有的可由學生要求調整，多半到學期結束再定高下。既然如此，家長們大可不必疑慮學生顧問會心存偏見。

在普通公立高中裡，有許多主要科目都設有兩種適應不同程度的課本與教學，其目的，一方面是為了要使所有學生都能順利完成高中教育，另一方面要使成績優異者的水平不致拉低。例如生物學，是人人都必須修習且考試及格才能畢業的必修科，為了要適應不同的程度需要，每個學校都設有不同的班級。普通的淺得像國內初中的生理衛生，深的念通後就足以角逐西屋獎的也不乏其人。其他例如數學、物理、化學、甚至語文也復如此。所以在美國，同樣的高中畢業生，其程度會相差得十分懸殊，低的連國內的初中生都不如，高的則可和大學一二年相比。更有許多不必等待四年念完就可憑 SAT 成績跳升大學，或在高中畢業以前就由學校推荐到大學去修課的。

## 小兒的例子

幼兒當時執意轉入法蘭西司魯易斯高中，非但表現出他再度面對完全陌生環境的勇氣，還顯現出他的明智。從他進入該高中後，由於該時的中國同學不多，更沒有一個熟人，於是結交的群族有明顯的改變，在他的新朋友當中，有美國白人，有日本人，當然也有中國人。他們彼此交遊來往多半是為了互相切磋，所以第一年下來，無論在語文方面，或是功課方面都有了顯著的進步。

在每個高中裡，為了不使資優的學生浪費時間，都設有榮譽班（HONOUR CLASS），好讓他們有接受較

深教育的機會。這種榮譽班是分科設置的，學生只要對某一學科有優異的成績，就可被選入該科的榮譽班。在法蘭西司魯易斯高中，還有一個國際承認的高中畢業班，其總部好像設在瑞士，凡該班畢業的學生，都會被各會員國的大學所接受，這對一個高中畢業生而言，是種很高的榮譽。有資格參加該班的，必須每一科都是榮譽班而成績能保持在 " A " 以上的學生。幼兒因為文史科始終無法在主流（MAINSTREAM）的班級中獲得重大突破，縱然他是數學、物理、化學以及電腦等榮譽班的學生，甚至被保送到大學修過數學、被派參加過物理研究會、電腦科的老師稱許過他為 SUPER-MAN，但仍然沒有資格成為國際承認的高中畢業生。

美國的教育政策，雖然培養出來的高中畢業生，在程度方面極不整齊，但它卻富有可以任人高度發揮的彈性，這也許就是其可取之處吧。

## 新移民子弟入學種種

十多年前從台灣來的人，包括我自己在內，談起移民來美的理由，絕大多數會說是為了下一代；不管理由正確與否，在多數移民中都帶有下一代是真的。既是為了下一代而將他們帶了來，就得要送他們上學；由於文化背景的不同，教育政策與理念的差異，要在一個完全陌生的環境中將子女們送上學，常會遇到各種問題。尤其來自大陸偏僻地區的移民們，因其與大環境相隔得太

久，一旦來到這種高度開發的文明國家，連走步路都會覺得不自在，叫他帶著兒女到學校去辦理入學手續，更會惶恐不知所措得連中國話都講得不成句。我因為在中英雙語教育中心工作，常有機會見到各種尷尬場面，也常有機會為這些同胞解除困境。

其實我知道，他們所遭遇到的都不是什麼大問題，只要家長們對這裡的情形多所瞭解就可迎刃而解的。茲舉幾個典型的例子如下：

## 身份的問題

絕大多數的新移民，當他們帶子女來上學的時候，都會請他們的 SPONSOR 或久住於此的親朋好友陪伴前來；一方面是為了語言問題，另一方面實在是不知道如何應對。凡因親友不便而自己硬著頭皮帶著兒女來的，總是顯得手足無措，其中多半是因為沒有見過「洋市面」的關係，然有少數顯得畏畏縮縮甚至慌張驚恐的，卻是身份不明的非法移民，他們深恐一旦應對得不得當，不但會使兒女進不了學校，還會引來移民官員的「青睞」。

他們所以之會有這種不必要的顧慮，實在是因為對美國教育政策之無知所致。我在前文中已經提過，凡在這塊土地上居住的，不管你是合法移民，還是偷渡客，你們適學年齡的子女都有接受教育的義務與權利。政府為了怕「某種居民」會有「自投羅網」的恐懼，規定學校不必過問家長的身份如何，即使你曝露了非法身份，

學校也不會將你的子女拒於門外，更不會管閒事將你一狀告到官裡去。

美國在教育政策方面所以之如此寬厚，並不一定是出於他們的大方，而我想是基於合乎其本身利益的、偉大的全（居）民教育的理念。試想，如果他們對這些既已來到此地，而明知無法趕出境的青少年，不施以適當的教育，將對社會造成多大的負面影響？更何況從這些人當中，也許還會教育出許多的西屋獎甚至諾貝爾獎得主呢！

總而言之，只要你已經在美國境內居住，不管是土生土長的，還是由人蛇引進來的，都可憑著監護人居住於本學區的有效證明，向本學區的高中申請入學。

## 入轉學資格與編班考試

既然義務教育是到高中畢業為止，除了幾個明星學校或私立學校因競爭者較多而必須舉行入學考試外，其他所有公立高中都是免試入學的。高中的新生（即九年級）來源，是由同一學區的各初中集體造冊保送而來的。高中的所謂「招生」，通常是在前一學期組織一個招生團，到各有關初中去做「公關」工作（為本校作宣傳），並邀請應屆畢業生暨家長前來參觀訪問，以廣招徠。

在我服務過的幾個高中，因位於華人新移民較多的地區，因而常常在開學的時候會見到華裔新移民帶著子弟前來辦理入學或轉學手續，這也是我們有機會為華人

服務的時候。新移民子弟進高中，多半是要辦理轉學、插班手續的，雖然並不需要考試，但由於他們原來就讀的學校遠在中國大陸、或台灣或香港，那裡的學制和學習水準與此地不同，爲要將學生編入適當的班級就讀，除必需參考成績單外，還需由主要科目（如英文、數學等科）的老師作個簡單的編班測試。其主要目的並不是要決定你該讀那一年級（其實已按照成績單決定），而是要將你編入「教」與「學」都能收到最好效果的班級去。

在此要強調的一點，就是當轉學繳驗證件時，原來在國內就讀的中學成績單比畢業證書或轉學證明都重要，因爲初中畢業證書只能證明已經念過相當於此間九年級的初三，但無從看出修過什麼課，爲要知道已修過幾個什麼學分，以避免盲目排課而造成重複浪費或脫節，所以成績單是必備的證件。許多從大陸來的學生家長並沒有注意及此，而無法提出成績單來，學校爲恐耽誤學生課業，往往會讓學生先行註冊，並根據推測暫時編班上課，希望學生家長立即寫信到原讀學校去索取，有時校方也會依據所提供的地址直接函索。如果提出的成績單是用中文寫的，則會請由像我們這樣的華人工作者代爲翻譯。

所謂考試，既不定時又不定地，隨到隨考，也不拘以什麼形式。根據我多次「陪考」的經驗，大致情形如下：

例如英文，凡是移民來而英文非其母語的，都得經

過一個簡單的筆試和三言兩句的對話。這個考試通常都在科主任（通常為多位副校長中之一位）辦公室外側所放的一兩張長桌上舉行。因為其目的只是要測試一下學生對英文瞭解的程度，好將他編到相宜的班級去就讀，題目都很簡單，無所謂考得好與壞，其結果只拿來當作當場排課參考之用，所以也沒有所謂揭曉或「榜示」什麼的。

　　至於數學更是容易，通常科主任手持一數學課本，問考生是否念過，然後逐章翻開問考生是否見過這個公式或某張圖，考生只要點頭或搖頭來表示曾念過與否（有時也會隨手就所翻閱的範圍內出幾個簡單的題目，要你立即作答，藉以試試你的瞭解程度）。其目的無非也是要在排課時，儘量不要重複你已經念過的課目或章節，以免浪費寶貴時間。

## 天才班與放牛班

　　凡從中國大陸、台灣、或香港初來剛到的華人，他們的子女即使天資聰穎，功課亦出類拔萃，由於其母語並非英語，故從未見過一來就被編入榮譽班的，被編入放牛班甚至特殊教育班的倒時有所聞。究其原因，多半是出於編班測試時，學生不是不會答，而是因為題目看不懂、或語言不通，而顯得一問三不知，以致被視為低能兒白痴的關係。在這方面，中英雙語教育計劃之工作人員就提供了莫大的幫助。

因爲如有我們「陪考」人員在場，必要時是可以允許爲考生解釋試題的，這樣避免了許多被冤枉認定的白痴。在這種情況下，我們雙語教育人員頗受學校與考生的歡迎。

## 降級插班的要求

有些新移民，包括我本身在內，深恐自己的孩子跟不上這裡的進度，或想使他們在中學裡有張出色的成績單而有助於進個名大學，或可多申請到一點獎學金，所以在轉學時總希望能在中學裡留上一級。但這是政府所不歡迎的，同時這也是得不償失的投資。再說，重讀的學分，考試分數再高也祇被視爲及格而只給予學分而已，對成績並無助益。

曾經不止一次遇到以下的情形；家長帶著在國內已經高中畢了業的子女來，要求插入高三（十二年級）就讀，其用意是要使其子女在進入此間大學之前，能有機會熟悉此間高中讀書的環境，他們以爲這樣才能將此間大學與中學的教育系統連貫起來，或在念大學時才能取得好的成績。孰不知高中既已畢業，高中裡是不會接受註冊的。有的甚至想詐稱沒有念過高中，而願以高一（九年級）學生資格入學也在所不惜，但凡高中畢業的學生通常年齡都已達十八歲，學校會依照規定計算發現，在二十一歲以前勢必畢不了業，對於這類學生學校也不會接受。因按照規定學生一到二十一歲，不論是否修滿學

分都不能再耽在中學裡，尚未修完的學分，則去到補習學校補足，據以取得高中文憑。現在入學時既已明知其在二十一歲以前畢不了業，預期將來半途撣出校門，倒不如現在就不讓他進來。

其實，想以這種「回鍋」方式來熟悉高中的環境，無論在時間上或金錢上都是極大的浪費。尤以在這種時間就是金錢的國度裡，在中學裡多耽一年，就要晚一年大學畢業，也等於會少賺一年的錢，且於事又無補，這實在是不值得鼓勵的嘗試！

## 請問高中學雜費知多少

由於我在公立高中工作，常有國內即將移民來此的朋友詢問有關此間高中的各種問題，其中一個雖然問得不多，但仍然有人問的，是「學雜費要多少」的問題。來此較久的移民聽起這個問題來也許覺得好笑，但有些在國內尚未來到、卻聽聞過國內的「美國」學校學費昂貴的朋友，不得不為要到「美國」來念書的子女預籌「學費」。

美國的義務教育既然到高中畢業，凡公立的高中是不收學費的，也沒有什麼雜費要繳的。為顧及低收入家庭的困難，各公立學校都沒有要學生穿「校服」的規定。低收入家庭的子女在學校吃的午餐也有「折扣」甚至免費優待的。要乘公車上下學的，也可憑低收入証明取得便宜或免費公車派司。至於教課書都是由學校借發的學

生只要備些紙、筆及筆記本即可。要學生負擔的可能是上體育課需要換穿的運動衣而已。

美國政府所以之對上高中以下的學生如此「優待」，實在是怕「失學」（學校失去學生）之故也。當然其主要的目的還是在實現使全民「皆高中畢業」的教育理想。

## 美國高中教育的面面觀

在越戰期間，那時我還在台灣當公務員，聽說在美軍中，像咱們國軍一樣，也有「識字班」之設置，覺得非常詫異，也很納悶。正如眾人所知，美國的義務教育是到高中畢業，服兵役的年齡又在高中畢業之後。依此推算，美國大兵應該都有高中畢業的程度，即使「高中畢業」的水平不高，但總不至於有文盲，甚且有設置識字班的必要吧！然而當我移居紐約後，確實發現有不少成年人的教育程度大有問題。我不止一次見到有人連張支票都不會開，在聖誕季節居然有人拿著非常精緻漂亮的聖誕卡來向我這個「外國人」請教，問卡片上面寫些甚麼。

因為當初我對美國的種切還有一定程度的偏私，總認為那些不會寫支票的，和請我為他解釋聖誕卡上字句的，可能和我一樣只是一個剛來初到的「外國人」，或者最多只是「全民皆有高中畢業程度」政策中的漏網之魚而已，絕對不敢也不願相信會有如此程度的高中畢業生。可是在此住得稍為久一點會發現，的確有不少接近

文盲的市井小民存在著。當我進入高中教育系統工作以後，就發現以前在國內所認為的「凡高中畢業的，除了組別有所區分外，同組的在程度上應該相差不會遠」的想法在這裡頗有商榷的餘地；同時也瞭解到，在美國同樣的高中畢業生，在程度上所以之會有這麼大的差異，是因為其強求全民都有「高中畢業資格」的教育政策與手段使然。

茲就與我們國內有差異的美國高中的教學情形分段介紹如下：

## 義務教育到高中畢業的政策與其程度

美國義務教育既然是到高中畢業，其政策當然是要使全民都能有高中「畢業」的資格。以此，高中裡的一切制度和措施都是為要達到此一目標而設計。茲舉數學課程的安排為例，按照規定每個學生都要修完同一數目的學分才能畢業，為眾多不同程度的學生都能得到同樣數目的數學學分，從九年級起到十二年級止都開有不同程度的班級，其進度也互不相同。原被編入程度較低班級的學生，如果嫌程度太低，只要考試成績優異即可申請，或由老師推薦轉入程度較高的班級去就讀；相反的，如果在程度較高的班上覺得無法跟上進度的，亦可調到程度較低的班級去取學分。同時學校為顧及天資聰穎、或對數學有特殊優異表現者不致將時間浪擲於「普通」班級，多半設有所謂榮譽班，以使學生能藉以更進一步

發揮。

　　由此可見，高中畢業生雖然修的數學學分數相同，但其數學程度卻有非常大的差距。至於其他科目，通常也設有高低程度不同的班級以供選擇。因此，在美國一個所有課程都在榮譽班就讀，而其成績是全A的高中畢業生，和一個全部課程都在放牛班以低空掠過，卻也取得畢業資格的高中生相比，不難想像出會有多大的區別！

## 高中畢業生的教育程度之要求與我國不同

　　在國內的高中，不管是公立的或是私立的，絕大多數是以畢業生能有升入大學的程度為其教學目標；復由於部定的課程標準一致、教學進度劃一，所以凡高中畢業的學生，雖有甲乙等組別之分，然同組的畢業生在程度上卻不會有太懸殊的差距。

　　在美國，因其教學目標在於「人人都能有高中畢業文憑」，所以無論在課程的設計或學制之訂定，無不存有網開一面、放他一馬的暗卡。不過在此一制度下所造就的高中畢業生，程度低的固然連我們國內的小學生都不如，然而由於其沒有上限的開放式學分選修制度，卻能培養出無數優秀如西屋獎甚或總統獎得主同樣程度的人才。因此之故，此間執有高中文憑者有三種不同程度，一是在二十一歲以前在高中裡修完所需學分者，一是在高中修滿學分且各主科通過州級考試（Regent Test）（試

題由教育廳題庫所出，分科分期由就讀高中舉辦的考試）者，另一種是因某種原因不能在高中修得所需學分、卻在規定的補習學校補完學分者。

## 大專聯考（SAT）與惡補風之西漸

在此雖然沒有大學入學考試，通常也必須高中畢業才有上大學的資格（少數資優天才者例外），才能成為各大學甄選對象。為了各大學甄選有個參考標準，凡有意上大學的高中生，都得參加全國統一的 SAT 性向測試。這種考試通常也是在就讀學校舉辦，題目係由像國內大專聯招委員會類似的常設機構之題庫提供，所考科目以數學與語文為主。考試結果無所謂及格與否，只是要藉此全國統一的方法測試出個人的程度留下記錄，以供各大學招生參考之用。各大學則以 SAT 分數，並參考其在校的其他各科成績與課外活動記錄，作為取捨標準。

SAT 是為全國預備升大學的在校高中生所設置的考試，考生從十年級就可開始試考，因此每個高中生在畢業以前都有兩次以上的考試機會，申請大學時則可函請該 SAT 考試委員會將成績單寄往所申請的學校去。在十年級第一次參加的 SAT 考試稱之謂預備性 SAT 亦即 PSAT，考得不理想可以不計分，如果考到高分，也就可免除以後的正式 SAT 考試，還可受到申請學校的另眼看待。

SAT 考的科目只有數學與英文，每科的滿分為 800

分。從國內移民插班進來的高中生，對數學的考試都不會有問題甚至多會考得高分，但對於英文，往往因為不是一來就能進入主流（MAIN STREAM）的英文班就讀的關係，要得高分就比較不容易。許多華人教育工作者，鑒於華人移民望子成龍、望女成鳳的心理，像在台灣一樣就開起補習 SAT 的學店來了。從報章雜誌上的廣告氣勢看來，似乎尚有利可圖的樣子。由此可見，咱們教書的文人，也是蠻有生意經頭腦的。

## 移民轉學插班為何會緊張得來不及自殺

　　我並不是要故意危言聳聽，而僅是要藉自家的例子來說明一般的現象。那時內人將剛從台灣來到紐約的幼兒安頓到附近一所初中後兩天，寫信給仍在台灣的我說，幼兒已經很順利地插班就讀，不過兩天下來他覺得非常緊張，整天團團轉得不知所措，放學回家一臉無奈地戲說要自殺……。當我讀信時，只覺得一陣昏眩，不知應該從何著手去清理我的思路，當然也不知道應如何寫回信。這樣牽掛了兩天，又接到內人來信，說幼兒告訴她，不自殺了，因為成天緊張得連想自殺的時間都沒有！……從此看出兒子因為抽不出時間來自殺，遠隔重洋的我也就寬慰了許多。但在腦海中卻存在著一團狐疑，實在想不出怎麼一個聰明伶俐、在台灣私立初中功課也很出色的青少年，一到美國會如此之不中用？

　　這個百思不得一解的問題，等我到了美國，尤其進

入高中教育系統工作以後，才體會到當時幼兒爲什麼會緊張得來不及自殺的道理。周遭環境的陌生固然是其一，最主要的還是在於語言上的聽不懂、說不出。加上對制度、規則、習慣之茫然無知，又無人指點，對一個在這樣的亂流中掙扎的青少年而言，簡直是無情的折磨！

## 不同的制度、規則、習慣

其實促使新移民子弟著慌的，不外乎如下幾個與國內不同的情況（至少我待過的幾個紐約市公立高中是如此）：

一、不同的科目在不同的教室上課

二、每節時間四十分，課間只有四分鐘空檔

三、學生如廁需持通行證

四、上課時學生必需參與問答

以上四點，對一個從小就在此長大的學生來講，不會覺得是什麼問題，可是一個剛從中國轉來的學生，的確需要時間來適應的。

所謂不同課在不同的教室上，意思是科任老師始終守在某一個教室裡，且教的是同一個課程（通常是如此），學生換課時，按照課程表前來受教。有點像我國私塾裡學子到夫子府上去領教的情形相仿。因爲各人的課程不同，剛才在一起上課的鄰座同學在一鬨而散的情形下，不知了去向，要見他也許要到明天再上剛才上的

同一節課的時候了。以致初到的轉學生，一時很難交上一個成天在一起可作嚮導的朋友。

因此除了兩節連上的外，每當下課鈴一響幾乎所有學生都會傾巢而出，各自奔向下一堂課的教室去。又因為其間只有短短四分鐘，有些還得上下三四層樓，由此可想像得出，一時間數千學生同時在走廊上奔跑的情景，真可蔚為奇觀。一個剛才從中國來的學生，見到這種景觀怎麼不傻眼，如果沒有經過輔導或指點，一來就要他在四分鐘內找到他的教室，怎麼不急得欲哭無淚呢？

在國內普通下課時間總有十分鐘，卻不必改換教室，學生多半有充裕的時間上個洗手間，或在原教室小息一下，在這裡（紐約）一共只有四分鐘，全用在換教室已經很勉強，要上廁所，只有在上課時間向老師報告要「派司」方可。由於這種派司每堂課只能發若干張，往往一上來就被機靈的同學捷足先登，何況初來剛到根本不知道有這種規矩，也不懂得如何開口要派司。等到下課，或開始放學後，廁所又就關閉上了鎖。所以常有新從國內來的學生，在頭幾天裡，會憋了一天的尿，等回到家裡才得解放，其痛苦難熬之情景當可想而知。

還有一種很容易使新從國內轉來的學生感到有挫折的，就是與國內大相逕庭的教學方式。在國內中學裡採的多半是灌輸式的教學方法，老師努力在黑板上講解，學生只顧聽講或筆記，老師既不管學生能聽進多少，也

不會過問學生所不知道的是那些。整節課都是老師在
「講」，鮮有學生發問，更沒有師生對話的機會。在此
間中學裡所採取的卻是啓發式的教學方法，老師通常趁
著點名的時候，先要同學將本節課要教的「目的」（aim）
甚或大綱寫在黑板上，然後就按照預先準備好的授課計
劃（lesson plan）作個扼要的簡介，繼而逐步隨機抽出一
個學生起來講解，並要其他同學注意傾聽，再隨機叫一
位同學起來問講得對與否，此時必有同學爭先恐後舉手
發問或另作解釋，一直「討論」到有結論爲止。如果同
學得不出結論，或結論有誤，則由老師作補充式的講解，
否則老師不再重複。這種全體參與的「教」「學」方式，
有絕對的啓發性。同時因爲「參與率」是老師考核學生
的基本要件（只要不缺課而時常「參與」，本科就有了
及格的基本分數），所以全體同學非全神貫注不可，否
則就難以參與。這非但富有啓迪作用，還是個絕佳的教
室管理手段。

　　縱然這是個絕對優良的教學方式，但是一個剛從國
內轉來的中學生卻十分難以適應。當他剛來到這完全陌
生的環境，在教室裡連老師對他自己講話都無法察覺，
那能自由地參與討論或隨意發問？加上從小只知道安靜
聽課就是好學生，以致總是表現得如此沉靜。因此常引
起老師的誤會，以爲該學生不願意合作、參與而時加責
難，甚至誤認爲智障而送入「特殊教育」班去就讀。由
於學生每天在學習上都會有無奈的挫折感，常使一個原

本很優秀的青少年因此而變得十分沮喪，繼而厭惡上學。在我的經驗裡，由此造成的問題學生為數也不少。

要避免這類事情的發生，得依賴家長對子女的關心，家長們非但也應瞭解這裡學校的制度，還務必經常和學校取得密切聯系，並投以關懷與體諒，以解除學生在這方面的苦楚。如果等到事態嚴重再來補救，就為時已晚矣。

## 美國高中與國內不同之形形色色

美國高中畢業的教育程度不如國內的整齊，平均水準也沒有國內的高，這是不爭的事實。其原因大概出在教育理念與政策之不同，以致所定的方針就大相逕庭。十年來，經過有意無意的觀察，不難發現許多與我國內不同之處，不能說這些相異之處，就是造成程度不整齊且低的真正原因，我並不是說他們的制度有什不當，但至少可以看出此地的「管教」，要比咱們中國（無論大陸、台灣甚或香港）要鬆弛得多。

## 在學的時間短

在紐約，中小學學生上學的時間很短，一年四季除了一個長達兩個半月多的暑假外，還逢假必放。國定假固然要放，碰到猶太人的年節，因為猶太人把持著學校系統，猶太老師要過年也得停課。在皇后區和布魯克林區還有個叫 QUEENS-BROOKLYN DAY 的，也要比其

他區多放一天假。在皇后、布魯克林兩區內，一年有兩個學期，其中一學期是八十九天，另一學期則只有八十八天，加起來再減去考試、家長會、或其他活動，一年能上到一百七十天課就算很好了。

另外，每節課的時間都只有四十分鐘，也比國內為短。每個學生每天上五至七節課，加上一節課的午餐時間，所以通常一到下午兩點多就有校車（通常是公車專用）在門口排長龍等候學生陸續放學了。也就是說，太陽剛才西斜而尚高掛天空時，學生就紛紛離開學校回家轉。

一年三百六十五天，學生將近有二百天不在學校學習，況且即使上課，也是時間那麼短，所以一年下來，從學校所能學得到的，絕對不會像國內那麼扎實。

## 課餘時間多，家庭作業少

一個在學的學生，在校外的日子幾近全年的百分之五十五。即使在上課的日子裡，在學校的時間，包括來回路程在內，也不過全天的三分之一。平時學校指定的家庭作業就少，放長假期間又少有作有關教育方面的活動輔導。有這麼多的課「餘」時間，任憑精力枉盛、卻智力尚不足以把握前程的青少年去胡亂揮霍，這不能說不是造成教育水平低落的原因、發生社會問題的隱憂。

在美國的小學裡，低年級的學生非但不會指定家庭作業，連課本都不允許帶回家的。到高年級雖然也有家庭作業的指定，但絕對不會超過兩小時的作業量。上了

中學，因爲有些教課書或參考書，多半在上課時逐堂臨時借發、而在下課鈴響以前就得照數收回，所以回家後的家庭作業就不會指定得太多，一直到高年級才有較多的家庭作業，而必需帶課本回家去做。依此，美國人在整個中小學教育過程中，其課業方面的負荷，遠不如中國的中學生來得繁重。

縱觀以上所述，很顯然美國的中小學生，家庭作業既然不多，也就少有溫習功課之需要，對知識的攝取，則多半光靠聽講而得。這對於生於斯的學生而言，也許是一種善待未來主人翁的福利措施，但是對於新移民來、上課像鴨子聽雷的華生來說，卻等於是一種無情的虐待。在這種情形之下要趕上進度，幾乎是不可能達得到的奢求。不過咱們炎黃子孫從來就有「窮則變，變則通」的韌性，加上「勤能補拙」的美德，家長們爲了使子弟們能像在國內一樣，可在家溫習功課、勤於作業，會挖空心思，弄得到子女不能從學校帶回家的課本。如此，非但能從容地做完家庭作業，還可預習第二天老師要上的課。常此以往，久而久之，「中國來」的學生，就變成班上的翹楚、寵兒，老師且常以擁有中國學生爲榮。

由於連年來華裔學子頻頻表現傑出，引起教育界廣泛注意，並且紛紛掀起對龍傳人之研究，總以爲中國學生之普遍優異，一定在生理上有那根筋不一樣，但卻始終忽略掉咱們老祖宗所遺留下來的治學哲理。

華生之優異表現，並非與生俱來。資質聰穎固然有

所助益，但主要的還是在於是否「勤學」，學生之爲學態度又端賴於家長的關愛與適當的督促。在紐約的公立高中裡，華生成績優異者固然比比皆是，但成績平平、甚且漸漸蛻變爲「問題」學生者，也不乏其例。究其原因，一個中學生的學習態度和上進心，與其父母對子女教育是否認真關注有絕對的關係。試想，當一個青少年剛來到這完全陌生、語言有嚴重障礙、且處處都需要幫助的新環境中，而其唯一可資信賴、求助的父母，卻一天只能打個招面，甚至終年難得有一刻相處的機會，如果他仍能在這種急流漩渦、驚濤駭浪中不迷失方向而繼續勇往直前，要不是祖上積了德，就是上帝在眷顧保守著他。

## 美國中學所秉持的「啓發性」教育理念

美國中學裡，並不是完全不指定家庭作業，只是其課業量要比咱們中國少得多。對作業的要求不怎麼嚴格，老師的批改有時也僅止於 CHECK 是否有繳而已。這對來自向來受慣灌輸式教育之東方國家的人而言，簡直是不可思議的放縱。殊不知這正是所謂「啓發性」教育的手段，一般學生固然會因缺乏強制性，而導致學生對課業疏怠甚而荒廢，然而，因爲往往所 ASSIGN 的作業課題富有啓發性、且容易作答，普通的學生可以輕而易舉地得到及格的分數，但也讓用心且勤奮的學生有機會以同樣的題目獲取高分、甚或儘量發揮研究潛能。

譬如說，當老師出了一個有關「青蛙」的題目作爲暑假作業，學生可以在數分鐘內，三言兩句寫出一個也可獲得及格分數的簡單答案，也可能花上整個暑假期間，埋首圖書館甚至實驗室，才做出的一份多達數頁、圖文並茂的學術報告。更可能以青蛙爲題寫出一篇詩詞或散文。老師並不要求有個劃一的標準答案，而只希望所有的學生以不同的觀點和立場作出答案來。當然，評分的高低則視其內容而定。

這種教育方式，一方面是在促使所有高中生都有「高中畢業」的機會，另一面，是在鼓勵並誘發好學的學生，多到圖書館或實驗室去找答案，而不要在家裡死讀書。

有關這種與國內不同的教學方式，也是新移民家長在輔導就學子女時，應有的認識。希望你常在圖書館找到你的兒女，而絕對不是在彈子房。

## 我，幼兒的「伴讀」

我是全家最後一個來到的，幼兒是早我一年，由內人帶到紐約來的。當時因我在台灣生病，內人將他安頓好入學（九年級）事宜後，就回到台灣照顧我去了，他也就變成了小留學生。

在事後檢討起來，他在這一年「留學」期間沒有變質、變壞，完全是內人在行前將他託付給了教會的關係，要不然其後果如何，到現在想起來還會捏一把冷汗呢！

這一年父母不在身旁的小留學生生活，他仍能出汗

泥而不染，固然值得欣喜，但等我一年後來到發現，這一年來他在學習方面，並未能進入情況。尤其待將他轉入高一（十年級）後，在功課方面顯然有很大的困難。究其原因，其進度之無法跟上，並非其勤勞不足，更不是其智商有問題，而是在於其對語文的瞭解程度不夠。以致任憑猜度所做出的功課，就難免令人有措折感，更遑論要優於本地的「洋娃兒」了。

　　他聽從我的建議，以勤查字典以補對語文瞭解度之不足，可是他在國內只念到初中二年級，同時年幼思想尚不夠成熟，對本國語文也尚不足以從字典的眾多釋義中，判斷出正確且自己懂得的恰當字彙來。尤其是美國的史地課本內容，有時並不是憑識幾個英文單字就能全般解釋得通順的。本來，查字典是勤能補拙的不二法門，可是打開課本每句句子裡都有生字要查，往往等一段課文的生字查完而弄懂其中意義時，他已筋疲力竭不說，時間上也不允許他不上床睡覺了。

　　我眼見他每天如此辛苦，卻多半時間都化在查字典上，而仍難得到良好的效果，且因每天深更半夜才睡而嚴重影響了他發育中的健康，實在於心不忍，於是萌起能助他一臂之力的念頭。我不可也不應該為他解答問題，所能做的只是幫他瞭解課文內容，和問題的意義。可是當我一經投入，發現情況並不是那末簡單，我自己也得勤查字典才能對他作清楚的講解。

　　在我初到將近一年的期間中，因為前面幾個月本身

還沒有工作，後來的工作也還比較輕鬆，所以做了幼兒的「助查」（字典）兼陪讀。由於我的任務是要對幼兒作講解，所以每天非得在他之前就將該查的字查妥，並將其中意義瞭解到可以為別人講解的程度。久而久之，助查與陪讀變成了我自己的日常功課。如此一來，非但增加了我本身的字彙，也強迫我對美國的歷史與地理有了更多的認識，開闊了我知識的領域。

　　當然，將近一年的「陪讀」下來，幼兒的功課非但有顯著的進步，同時因此進入了該校的主流（main stream）甚或榮譽班級就讀。

　　說來好像是辛苦，可是當看到幼兒以後從 NYU 和 COOPER UNION 同時獲得電腦與電機雙料學士，進了 IBM 工作以後，又在該公司資助下，以半工半讀方式讀完電機碩士學位的成果，不禁想起要用「一分耕耘，一分收獲」的成語來與天下父母共勉之。

　　　　　　　　　【海外學人】
　　　　　　　　　1993 年一月號—245 期
　　　　　　　　　（一位高中雙語教師的追憶）
　　　　　　　　　1993 年八月號—252 期
　　　　　　　　　（新移民子弟入學）

# 第二篇　杏壇外記

# 掩耳盜鈴

## ── 欺世誤人何時了？

### 金　亮

　　今年暑期，國府僑教方面的媽祖巡迴大拜拜，輪到紐約爐主時，在本社區（FLUSHING）的文教中心舉辦了爲期四天的海外華文教師研習會，其對象以從事中文教學、或對此有興趣之人士爲主。本人雖然仍是一個「半工」教育工作者，但由於時間難以支配，致未能躬逢其盛；倒是內人爲其一位在紐澤西擔任中文學校校長的大學同學當槍手，受了幾天的訓。據她回家告稱，在始業式的那天，我駐紐約辦事處吳處長賢伉儷曾蒞臨主持並致詞；除對風塵僕僕的主講教授們表示熱烈歡迎與感激外，還希望此舉對僑界發生深遠影響。尤以吳夫人言辭懇切、期許尤高，聽者無不深受感動。學員對教授們之學問淵博，教導有方，也無不稱頌備至。

　　從爲時已久的各方面報導顯示，此番巡迴講習，向世界僑社推銷國內甫自訂頒的所謂「注音符號第二式」爲其主要目的之一；所以注音符號教學之比重相當大，資料也比較多，講座陣容也以強棒出擊。可惜此一所謂

「教育部第二式」之頒訂乃至「行銷」，在在顯露出了國府教育界仍存在著令人髮指的迂腐官僚。他們以專家學者自許，以顢頇霸道權威且挾持著前人餘威，花大把銀子「研究」出一種既可以「交差」且可逢迎一時「意識形態」之「注音符號第二式」，來自欺欺人地對抗「敵人」，簡直令人啼笑皆非。浪費公帑（中華民國有的是銀子）、開倒車不說，貽害萬代後世，且變為歷史罪人而不自知。現在大張旗鼓，面不改色地捉弄教授們到國外宣揚這種「祖國文化」，連忠誠愛國、宅心敦厚的仁長吳處長伉儷也被利用，實在於心何忍？

　　所謂「注音符號第二式」之頒佈施行，實在是時代趨勢所逼出來的「研究」成果。所不幸的是，國內集合權威學者經多年「研究」「試用」所頒定的此一「第二式」，竟是五六十年前在國內已經頒佈過的「國語羅馬字」，除了一兩個無關宏旨，甚或使得更為混淆不清的改更，和少許畫蛇添足式的修飾外，未能看出絲毫「研究」改革的成績。在某些專為所謂「第二式」之採用作掩飾的文字裡，表現出非常霸氣，而挾持前人威風來自欺欺人的作風。在這些文字裡大意是說此一「第二式」之訂定，是國內近年來集合權威學者經多年努力，對所有「各式譯音符號」作深入「研究比較」後，決定根據早年某些前輩語言權威學者所研訂之「國語羅馬字」法加以改良而成，並列出一張堂而皇之的此較表，以示不假，但有識之士若稍加注意，可能也會像本人提出以下數個問題：

　　（一）既能捐棄成見而「也」用「羅馬字」來輔助國語發音（這是數十年來非常可喜的轉變），為何不向國內外廣徵意見（註一），卻只限於對列表中的既有「各式」作此較？

　　（二）如果既是早就「胸有成竹」採用前人所定之國語羅馬字，為什麼作了如此長時間的「長考」，且「試行」經年呢？

　　（三）既用了舊瓶裝了舊酒，為何還要派遣龐大的「宣教團」到國外來巡迴拜拜呢？

　　（四）專家們既然自己沒有創見而只對現有「各式譯音符號」作「研究比較」，為何獨缺已經行之有年，廣為十億中國人所習用，且為僑教或外人在比較上樂於接受的「漢語拼音」呢？

　　從以上的幾個問題背後不難意識到下列各點：

　　（一）多年來，由於「共匪」採用了羅馬拼音，我方為了不共戴天，不管羅馬拼音是否有所助益，還是要堅持大原則，用原有國語注音來抵制大陸的「中文羅馬化」（據說早年俄共的確曾有此陰謀）。

　　（二）早年在台灣，因為「反共」關係，對大陸上的實際情況都處於禁若寒蟬的狀態，以致無法瞭解到大陸所採用的羅馬拼音，只不過是ㄅㄆㄇㄈ之另一種符號。

　　（三）現為形勢所逼，必須改弦易轍，「也」用羅馬字來作為注音符號。由於「漢語拼音」為「共匪」所用，為了避免有「附匪」之嫌，且又不失面子，必須定

出一套有異於「匪貨」的辦法來。故用「前人權威學者」所定之方法，最爲安全。

（四）爲了怕貨比貨，所以在列表中根本未讓「漢語拼音」出現。

（在講習會結束，開會檢討時，曾有人提出，問爲何不參考「漢語拼音」，教授們當無以作答，只說，這是國內權威學者所定，不會有錯云云，就此搪塞了事。如此答案，怎能服人？）

因爲有上述的意識形態，才會創造出一這種令人啼笑皆非的偉大成就來。在神聖的教育單位尚且如此自欺欺人，在其他方面更不敢說有否「有過之而無不及」的傑作。現在時代不同，我們在各方面都在與強大的對手作劇烈競賽，這種作風如果再掩耳盜鈴，任其繼續滋長綿延，如何能夠爭勝呢？

註：在此之前，本人在此間某高中教學時，曾應用由研究中文電腦而發展出的一套既不悖於，且遠優於大陸上現行方法，又絕對適合國府ㄅㄆㄇㄈ對譯的簡易音標法。關於此點，一九八六年夏天，世界日報曾有專訪報導，本人也曾有專文寄達國內權威機構，請予參考（如採用此法既可「抗敵」又有「面子」）。可惜，既未引起當地僑教主管之注意，亦未得到國內的重視，足以令關愛祖國文化的遊子們寒心。

【美東時報】

1988-10-17

# 不要讓你的下一代
## ── 來承接華青的香火

### 鐵　夫

　　自台移美七八年來，一直在此間公立高中的雙語教育方面服務。在這個資本主義國家裡「教職」也列入市場（MARKET），而又人浮於事的今天，於其說是因為「教育」的「神聖」，倒不如說是為「現實」而「屈就」。不過縱然我只是為了五斗米，對於「揭發」新移民問題學生之成因，始終覺得有份使命感。好久以來一直想寫出來供諸參考，但每當觸及此一問題，就情緒起伏不定，思維紊亂無章，不知從何說起：時常起了個頭就半途而廢了。一天，在報上同時出現兩則不同報導，又加上同事的恭維與「傳言」，證明我的觀察八九不離十，遂又興起決定提醒新移民如何為「下一代」著想的念頭。

　　那天，上午尙未起床（因小夜班工作，通常在十時許起床）老伴反常地拿著一份當天的世界日報到樓上來「呈閱」；因為本地版上有位華裔青年參加會計師考試，榮獲全州第一名，上面還附有像片，她問我是否就是頭

天晚上才通過電話，我朋友的女公子？看像片，因爲多年不見，早就有過十八變而不敢去認了，但標題上的芳名倒的確是前一天晚間在電話裡稱呼我們爲伯父伯母的張德君小姐；再看內容，也正與我所知道的背景資料—國內中興大學畢業，今年在上州奧伯尼州立大學得碩士學位—相符。老伴當即打了個電話向她道賀，表示我們爲她高興，同時也帶有三分身爲龍種的驕傲。

　　下午，滿懷興奮到郵局上班，一進門就遇到一位幾天沒見的 SUPERVISOR，一位單身黑女士，招呼時，我問她爲何近日未見芳影，她立即神采飛揚，深怕我轉身走去，連忙反問我可知道普渡大學？我說那是四十年前與我母校合作的姊妹大學，雖然我本人沒留過學，但從那時起就知道那確是一間頗負盛名的好大學……，她聽我如此一說，更是喜上眉梢，得意洋洋地說，她前幾天之不在，是休假，從紐約飛印地安那波立斯去參加她在普渡大學念書的侄女兒的畢業典禮了。那是她在普渡大學念書的三個侄女中之一個，還有兩位也將於明後年相繼畢業……。侄女能在普渡念書畢業，沒想到身爲姑姑的，感到如此光榮與驕傲。在我向這位黑姑姑道賀之後，接著她對我說：「信不信由你，普大應屆畢業的約五十位博士中，中國人佔了三十五位，真爲你們中國人感到 PROUD，……」。是的，去年我參加過此間POLY-TECH 與 COOPER UNION 的畢業典禮，在司儀唱名時，咱們百家姓的確出足了鋒頭。尤其當洋人連續

不斷唸了一串以 CH 當頭的 CHEN、CHANG、CHOU…，總會引起一陣哄堂大笑，讚嘆之聲也此起彼落（妒嫉者在所難免，但未見那一個顯形於色）。越是高的學位，中國人佔的此例越大。不過像她所說，五十名中佔三十五名，其比例之高的確令人難以置信。由於我預備寫在「記事」裡，怕有言過其實之處，不太好，於是再以五十與三十五兩個數字加以求證，她見我對數字如此認真，倒有點猶豫不敢確定了。不過從她以堅定的口吻，一再說出「a lot，a lot，anyway a lot」來看，可想像得出當時被唱名上台的一張張黃面孔，一定給洋人留下了十分深刻的印象。

　　說也奇怪，那天同樣是八小時工作，但在偌大的工作場所走進走出，似乎總有人因為我是龍的傳人而在背後翹起大姆指。雖然我已是「美國人」，但此時真為我自己在心裡沒有數典忘祖而自傲。子夜回家，這頓工後睡前的宵夜吃得格外味美。然而當我照例在入眠前詳讀當天中文報紙時，在社區版裡，赫然發現華裔青少年為非作歹的報導，將我一整天的興奮、驕傲的愉快心情在臨睡前一筆勾銷，卻在惡夢中昏沉睡去。

　　大概由於以「我見」為主導來作分析的關係，由此發現新移民子弟之形成「問題青少年」的「原因」越發接近我的「成見」。依分析顯示，凡在此表現傑出的華裔青少年，大部份都在國內受過完整教育，或從小隨留學生父母遷來而在此長成，或在此出生之華僑子弟。反

觀那些乳臭未乾惹是生非的所謂「幫派份子」（其實根本還沒有資格混幫），多係在十三四歲時，隨父母來到紐約「被污染」了三五年後的大孩子。這些迷失方向的孩子，絕大多數是沒有得到父母的「適當」關注。以多年觀察分析，其原因不外乎 1.父母忙於求生，一年難得真正與子女見幾次面。2.父母沉醉於賭博享受、交際應酬。3.父母本身語言學識有限。4.父母遠在國內的小留學生。5.父母婚姻觸礁甚至已經仳離。其中第 5 種家庭，更簡直就是「問題學生」之溫床。

　　老朽是過來人，深以為如果你無能力在此大千世界裡求得足以照顧孩子的「正常」生活，或家庭關係已亮了紅燈，千萬不要以「為了下一代」作為不擇手段之移民藉口，而將孩子帶到此地接承「華青」的「香火」。這樣對社會、對你都無好處，尤其對你的「下一代」將會造成無法補償的罪過！倒不如讓他們在你故鄉為你傳宗接代！

【美東時報】

1989-07-23

# 漫談雙語教育

### 鐵　夫

　　美國，基本上是個移民國家：由於群居在這塊自由
樂土的人們，都來自世界各個不同角落，因此它具有多
元文化的背景。他們希望各族裔能保有相當程度的原有
文化，更希望新移民能在很舒適的（Comfortable）感受
下，迅速接受新環境中之現實文明。為幫助大家儘快自
然地熔入這個為大家所共有的社會，政府總不遺餘力，
撥出大量經費用於幫助來自各地新移民之「雙語教育」。

　　所謂「雙語教育」，非但針對新移民的在校學生施
以適當的雙語教學，還不時透過這類教育計劃對新移民
之學生家長，甚至一般成人，也都提供各類雙語方面之
訓練。例如每年暑期，或平時夜間，有些中學裡所舉辦
的免費家長（其實不限定學生家長）英語班，有的也是
出於這個計劃的措施。

　　雙語教育計劃受益最大的莫過於從十三四歲到十八
九歲的中學插班生，因為有雙語教育之助，才使他們能
將在自己祖國所打好的良好基礎與此地的新階段銜接起

來，進而很自然地跟上主流（Main Stream），否則難免在學業上會事倍功半，甚至於因失去信心與興趣而「斷」送前程。因此，這也就是雙語教育在移民較多地區的中學裡方興未艾的原因。

美國自從推行雙語教育以來，從頭就有反對勢力之存在。有些人縱然在骨子裡為的是對少數民族的歧視，但在這個憲法不容歧視少數民族的國度裡，只好以其他冠冕堂皇的理由來反對這個絕對有益於少數民族新移民之措施。先是危言聳聽地說，雙語教育之設置，對於新移民之熔入美國社會是一大障礙，政府不應該浪費納稅人的錢；繼而又力倡英語獨尊運動，企圖迫使不懂英語的人們視「移民美國」為畏途……在在都顯示著有民族歧視的幽靈在作祟。日裔國會議員也常跟著起鬨，他認為廢除雙語教育，可迫使新移民子弟強制性地及早學好英語。其理由說來似乎很動聽，可是他身為「亞」裔，他口不擇言，著實給反對者使上一大把力。他之所以屢屢信口雌黃，實在是出於無「知」—— 不知道新移民，尤其亞裔新移民之需要；因為他那暴發戶氣息的「祖國」人們對「移民美國」早已不屑一顧；有無雙語，對東洋人來說已不重要。在美國的日本人多半是暫時客居在此，他們有自己的群體生活方式，到處都有日本學校教育他們的子女。再說，日本人移民到其他諸如巴西等地，都是有計劃地將所到之處開發成道地的「東洋」城，其「殖民」手段比起當年西洋人有過之而無不及，在像這

樣的「殖民」地區裡的「移民」，那還有什麼雙語教育的需要？所以在美國雙語教育的存與廢，與那日裔議員無關痛癢。若以小人之心度君子（也許不是）之腹，他之反對雙語教育而促使少數民族新移民陷於困境，可能是怕別人分享日人在美國所獲的既得利益。其居心叵測，小心，不要再以像這種「亞」裔議員為榮囉！

　　儘管雙語教育之反對聲浪此起彼落，教育當局還是「我行我素」，每年在這方面的預算雖然屢遭杯葛，總結起來似乎仍是有增無減，在行政措施與教育方針上也屢見創新。在高中生各科會考中，逐漸增加中文試題一事，就是個明顯例子。反對者說是浪費公帑，甚至也有中國人認為山姆叔叔那麼「傻」。其實這個世界一等強國的執政者並不昏庸，美國政府之實施雙語教育是一項一舉數得、穩操勝券而收益無可量計的大投資。試想，若無雙語教育之助，成人之投入生產，學生之進入主流教育，都會因「必須先學「通」英語」而延誤。在這期間非但會增加社會大眾之負擔，就人力資源供應之浪費（時間上）以及來自這些新移民的稅收之「晚」得，也將會遠超過那看得見的區區「雙語教育」費用。

【美東時時】
1989-08-06

# 認識中英雙語教育的重要

## 鐵　夫

　　近年來，尤其在美國與大陸建交，和香港九七大限宣佈後，加上原來台灣以及香港的名額，每年總有數以萬計的華人湧入美國本土。教育當局顧及華人新移民子女在進入美國高中教育主流（MAIN STREAM）之前，不致因著語言障礙而中斷學習，遂在華人較多地區之各公立高中，紛紛設立「中英雙語教育中心」，且成爲美國整個雙語教育政策中重要之一環。

　　目前在紐約各公立高中所設置的「中英」雙語教育中心，除對新移民子弟提供雙語教學以及不時提供免費成人英語補習班幫助絕大多數剛到的華人，在截然陌生的環境中，解決護送子弟入學時所遭遇的種種困難問題，對甫自國內來到之家長，是種極其實惠的服務。

　　在課程方面，除了較低（九、十）年級中凡在國內所謂的主科諸如生物、自然科學、社會科學、數學等多設有由中英雙語教師所開之班級外，同時藉「中英雙語」教育中心之助，還設有同樣計算學分，而列爲外國語的

中文教學班，以提供華僑子弟繼續接受母語教育的機會。在教材方面，也不斷投入人力物力，致力於教材之翻譯，以供甫自國內來，而對英文尚不熟識之華人新生或插班生對照參考。

另外，由於中英雙語教育中心之設置，使得存在多年，因著語言隔閡，而發生於學校與家長間之溝通問題得以解決，同時也由此而挽回了許多問題學生誤入歧途之厄運。課業輔導與編班協助洽商，對新移民學生也是一種莫大的幫助。

由於教育當局之重視華人新移民子女教育，本市各公立高中也紛紛以爭取到設置中英雙語教育為榮；一方面可藉此獲得更多經費預算，另外一方面可因為能擁有較多華裔學生而提高其平均水平。因此，縱然在教育系統中存有少數排斥包括中英雙語在內的雙語教育之偏見，但較具遠見之各校校長仍舊在競相爭取中英雙語教育之設置。十餘年前，皇后區有位在新城高中執教之女教育家潘紹華博士，鑒於「中英雙語」教育之孔亟需要，建議在該校設置「中英」雙語教育計劃，以協助華人新移民子弟繼續學業。最初共同參與之同仁僅有極少數一兩位，經過數年慘澹經營，現已成為皇后區高中裡，最負盛名且最具規模之雙語教育中心。除「中英」雙語一向為其主題外，該中心還涵蓋諸如「韓英」、「越英」等其他亞洲語言之「雙語」服務，有些學校還將「西英」雙語亦列為該中心之服務項目。由於其成績斐然，皇后

區其他較爲有名之公立高中，諸如 JOHN BOWNE H.S., FRANCIS LEWIS H.S.,JAMAICA H.S., FOREST HILL H.S.,AVIATION H.S., 以及 LONGISLAND（CITY）H·S·等校都爭相商請該中心派駐人員協助推行雙語教學或開中文教學班級。其中 JOHNBOWNE H·S。還讓該中心在該校設置之「分支機構」變成一個不可或缺的單位。可見「中英雙語」教育之重要。

　　「中英雙語」教育，對華人新移民所作之貢獻已經毋庸置疑，但千萬未想到前些日子在反對「雙語教育」聲浪中，居然也聽得到華人的聲音，而且多半出於新移民，實在令人詫異。他們認爲雙語教學會影響其子女學習「英語」的進度；也有認爲「雙語」教師多爲「華人」，覺得會比不會華語的「洋人」要差一級似的，殊不知中英雙語教學，非但不會影響學習英語之進度，相反的，由於有中英對照更易引起興趣，況且其真正目的就是要幫助華人學生加速進入美國的教育主流。再說這群教員，甚至職員個個是博學多才，擁有博士、碩士頭銜者不乏其人。他們教師執照之取得，除必須通過和「洋人」一樣的考試外，還要加考一項「洋人」所不懂的「華文」考試。而且他們幾乎全都是在國內受過良好基礎教育的留學生，比起洋教師毫不遜色。

　　有些教員因在雙語教育方面之優異表現，紛紛被推薦或應聘爲各校之主流教員，非但解決了職業問題，還藉此使「華人」在教育「市場」上也慢慢插上一腳，佔

上一席之地。

　　「中英雙語」教育計劃，受益最大者莫過於「華人」新移民的高中新生或插班生，有雙語教學之助，不致因為語言障礙而與在國內打好之優良基礎脫節，或因而趕不上進度，甚至於難以出類拔萃，而埋沒人才；有許多因在入學編班時「一問三不知」而被莫名其妙地當作「白痴」而編入「特殊教育」班的學生，常因得到「雙語教育中心」之助，變為能「舉一反三」的「天才」，進而很自然地跟上教育主流，且成為翹楚。

　　中英雙語教育措施利多於弊，對華人尤其受益匪淺，希望凡我華人移民非但不予排斥，而且應該悉心維護，使之發揚光大，造福新移民。

【美東時報】

1989-08-20

# 集天下「天才老爹」而教之

## 周俊良

（教年長者學中文電腦記趣）

天才老爹，後生可畏

花甲之年鬢白見，半生美夢終實現。竟然學會吹鼓手，多賴後生不棄嫌。

老爹要把電腦學，兒女在旁把言建。敲敲打打文章成，舉家歡樂慶功宴。

嚐師恩

天才老爹學電腦，認真用功難不倒。青出於藍甚於藍，觸類旁通自出招。

學者多已古稀年，花甲開始怎算老。僑僑才華高八斗，交來作業全是寶。

詩詞歌賦加妙文，先讓在下嚐個飽。謝師敬師不敢當，傑作回餽慰我勞。

無師自通功自練，樂以天下老爹教。黔驢技窮勸下山，只願出師不遠跑。

回餽循環不容停，諸賢切磋共研討。何妨籌組俱樂

部，齊集天下諸同好。

年長才華續生輝，何以孤獨尋煩惱。按鍵代筆寫文章，流芳百世就趁早。

自從資深名作家林瀅老先生的「老爸學電腦」、我自己的「金色晚霞更引人」和「電腦寫作之樂趣」諸文相繼在家園版刊出後，不意有關我自創的「周氏中文電腦輸入法」，卻引起了廣大同好的反響與共鳴。在這段期間，不斷收到由世界日報家園版台北辦事處轉來、或從我親友處打聽到地址而直接寄來的讀者來函。有寄自美加地區的，也有寄自世界各地的。直至前不久，雖然已經事隔年餘，尚由台北轉來一封寄自美國中部，一位退休醫師應先生的來信。其主旨都在討論中文電腦輸入法。

在來函的諸位讀者中，接近花甲之年的，已經算是青年才俊，七十上下的絕對是多數，八十開外的亦非絕無僅有。他們雖然多已解甲歸隱，但說起想當年，可非等閒之輩，其中有從過政的權貴高官，有專司神職的牧師，有從事教育工作的教授，有聞名四海的企業董事長，有名醫師，工程師，建築師，當然還有備受尊崇、從事爬格子作文章的名作家。

這些天才老爹與我討論中文電腦，之所以能在不久就掌握情況、進步神速，除了因為我的輸入法易懂易學，且正對年長者之脾胃外，還有一個主要原因是，他們都正渴望有個能適合他們使用的輸入法，且期待已久。有幾位甚至嚐盡過諸家百法，仍不得其門而入，正陷於絕

望之際，乍見我法之出現，如同撥雲見日。尤其多位富有文學素養，而對王雲五四角號碼檢字法尚記憶猶新、或一學就會（以我的教學法）的年長者，用了我的輸入法在電腦上「寫」起文章來，更有如魚得水的快感。

因此，我從這些老爹口中贏得許多別人聽來肉麻、自己聽來也會臉紅的稱號，先是林澂先生之「救星」，相繼而來的是老師、夫子、師父、師公、偉大的天才發明家、先行者……不一而足。林先生之脫口而出稱我為「救星」，是正當他歷盡千辛萬苦，學習其他方法仍難以擠出幾個中國字、卻陷於一籌莫展無計可施的時候。另外一位曾留英又留美的管理科學學者朱教授，除尊稱我為師父或夫子而他自謙為「笨生」外，也在人前人後直呼我為他的「救星」，並戲說此「救星」倒有救他一命的涵意。原來，他為了要想用電腦來著書立說，向坊間買得各種輸入法來努力學習。在學習過程中屢遭挫折、一事無成不打緊，然而朱夫人在旁說他因為「笨」而才學不會「中文電腦」，他卻非常在意。多時以來，笨、笨、笨、笨之聲終日不絕於耳，每當失敗總會覺得無地自容，弄得心灰意冷，甚至影響生趣，。當我們首次見面，且作過示範後，他就雀躍不已，並立即在夫人面前一顯身手，而終於能一雪「笨、笨」之恥。尤其令他高興的是，他夫人在（用我的方法）編碼方面，還能助他一臂之力，分享他此後「笨」的負擔。

自謙為「笨生」的朱教授，在其公子協助下，非但

學習勤奮，而且進步神速。我被他勤學精神所感，在最短期間，就我所知傾囊相授，不久他就能運用自如了。我在自覺黔驢技窮之餘，奉勸他已可下山自立門戶，熟料他只願出師而不願遠離，大概怕我還留一手尚未傳授。

我之稱諸位向我學習輸入法的年長者為「天才老爹」，可毫不誇大其詞。他們除了具有深厚的國學根基外，對我的輸入法無不融會貫通、運用自如，對電腦之運作也能舉一反三、觸類旁通。大多在學習不久，就能指出我疏漏之處，或先說出因進度關係尚未涉及者，進而提供建設性的建議。

他們之能青出於藍甚於藍，因為個個，包括我自己在內，都有青年才俊的下一代在電腦技術方面作後盾。這些「老學生」在來信中，幾乎都有相似的一句話，那就是「……晚輩送我一台電腦，以娛我晚境……」，這些晚輩們除了懂得盡孝道外，對電腦技術也多精湛，故常能協助老爹們，在我的輸入法範疇內，發展出一些更適合個別喜用的操作方法。本輸入法之能廣受歡迎，由於可以根據我的輸入法之原則，任意改變得投各老爹所好，也是原因之一。

有位居住美西，相信為資深新聞從業人員所熟悉的熊老先生，他給我的第一封信（並未經由報社轉，而是他神通廣大，取得我地址逕自寄來的，可見他與新聞界關係之深）時，祇從報端得悉我的輸入法大概與四角號碼檢字法有關而已，卻並不詳知其內容，然而在信中所

論及者，有他早年對中文電腦輸入法的願望與構思，有當年對一些輸入法創始者之質疑，令人欽佩的是，他在對坊間各種輸入法表示不合他意之餘，還指出應有的解決之道……，與我創始此一輸入法將近二十年來的全部心路歷程不謀而合。幸而我的輸入法已經發展得全部合乎他的意念，否則我的「成品」就好像是他的「定貨」了。因此之故，當我的「貨」一寄到，祇通了幾次電話，他就順利啓用而毫無窒礙。我對他的「貢獻」，好像祇是在他的意願下做了多年的苦工，為他編了一部電腦用的字典罷了。

像這樣一位有心的天才老爹，如果早在台灣就與他相遇，至少當時就能得知此道不孤，我會信心大增，加倍努力，而促使這個輸入法早幾年面世，同時對「中文電腦化」之提早實現，也必有助益。可是早年失之交臂，錯過大好時光，真是有相見（實際上尚未謀面）恨晚之憾！

這些年長者學習之認真，是我所始料未及者，用功的程度與不恥下問的精神是時下青少年所望塵莫及者。常為配合我的上下班作息時間，往往不惜犧牲睡眠時間，深更半夜還要與我通個電話，以探討並解決問題。年逾古稀、深具文學素養的作家葉子先生，自從練得彈指神功以還，不意迷得一天要與電腦為伍長達十二小時之久，惹得葉夫人不免吃酸。

西部洛城博愛互助會會長王老牧師，習得此法後，於樂在其中之餘，還以獨樂樂不如眾樂樂的心情，在洛

杉磯開班授徒起來了呢！

　　教老爹們學中文電腦，真是樂趣無窮，當收到他們認真用電腦打印出來的作業時，這股甘美興奮的滋味，一般人是難以體味得出的。除了可由此證明此輸入法之優異與教法之可行，還可從此獲得有錢無處覓的豐盛回饋。他們的詩詞歌賦和妙文，總隨著所繳交的「作業」，讓我首先欣賞。他們用字遣詞和構思，使我在拜讀之餘得益匪淺。單就他們經常和我，站在中文電腦立場，來探討的冷僻而他們卻常用，一般人所謂的次常用甚至罕用字，就足以使我對他們學問的淵博不禁肅然起敬，對博大精深的中華文化更起敬畏之心。

　　老爹們的尊師重道，真叫青年朋友們聽來汗顏。有幾位，口頭尊我為師已叫我愧不敢當，還要當著下一代，甚至下下代的面，事我為師。稱我內人為師母，直呼我兒女為師兄師姐，我兒女們都嚇得不敢領受。設宴謝師必讓我上座，平行走路必後我半步，前去拜訪必恭候相迎，訪後辭出，復又鞠躬相送。我屢屢要求，彼此以朋友相待，以還我自由，卻總以「一日為師，終身為父」回應，真是折煞我也。敬愛的老爹們，就請高抬貴手，饒了在下吧。

　　後記：本文結束，正擬付印，又接由台北世副家園版轉來，紐澤西李先生的來信，因其內容正是本文所涵蓋者，不禁莞爾。高興之餘，立即以電話與李先生聯繫，經一陣愉快的相談後，得知名聞遐邇的前輩作家琦君女

士就是他夫人。隨即向李夫人致候並請益，旋承允賜贈其著作，這是我又一次的意外收獲。朱教授得知此事，連聲向我恭賀，說我又將收年長者為高徒，他也為他自己高興，他又將有位年事比他為高的「師弟」。他並再度倡議成立「俱樂部」，以集天下「天才老爹」於一堂。

【成大校友會年刊】

1990-01-04

# 培育青少年十要訣

## 鐵　夫

　　筆者自五年多前，辭去高中雙語教員，到郵局（因待遇較高）幹起電子技術員以來，仍以每週輪休時間在學校兼任翻譯數理教科書的工作。最近被派往紐約航空高中，則為他們翻譯有關一般學校行政管理、教務、訓育、工廠實習等管理規則，學生手冊，乃至學校與家長間之通訊等。上星期翻譯到一份由校長向家長所提供之有關「培育青少年十要點」，覺得頗有意思，特為摘錄下來，供有子女為青少年的華人家長能窺知洋人對「培育青少年」的看法，也許可以作為借鏡：

　　一、儘量少設規定，然而要固執之

　　避免為了過份瑣碎的問題進入爭執，每一句絮絮不休的語言都會減弱你的地位，甚至到達「當你對孩子講無意義的話，他就充耳不聽的地步。所以最好能將「不允許」與「教訓」保留起來用以對付一些重要的事情。

　　二、預期你的規定將被試探

　　每個小孩之對於在可接受之行為邊緣作試探，是其

成長過程中之一部汾。故而應該記住，這類試探固然會令你煩惱，但它確是存在的。

三、不要說教

當青少年對行為標準作試探時，可能會對你說些令你驚訝的事情。但只要一聽到你的說教，尤其在你重復同樣的訊息時，他們就會立即停止。

四、永遠注意傾聽，但要尊重他們的私隱假使你正在忙碌中，去聽他們說話，會傷害小孩的感情。青少年需要從父母身上得到回應，給他們最好的回應就是當他們說的時候仔細去傾聽。

五、保持代間距離

青少年對於父母成為他們世界的一份子，其厭怨的程度與以漠不關心和否定來冒犯他們一樣。對於你自己的觀念與意義即使與你兒子的或女兒的不盡相同，要有你的立場。

六、不能兌現的承諾不要做

假使你必須失約，則要找出一個在青少年眼中認為恰當的理由；如必須改變承諾不妨去改，然而要計劃在日後給他補償。

七、讓你的青少年有其自己的生活方式,試著去接受他們的個體性，好像接受一成人的個體性一樣。所以不要拿一個朋友或親戚的兒子或女兒來作為乖孩子的範例。

八、得較大孩子之助，以瞭解較其幼小的孩子。

假使你有兩個正值或進入青春期的孩子，常常要大

的提供他對比其小的孩子在行為方面之建議與觀察，這是意想不到的好方法，因為兄弟姊妹能瞭解彼此間的事情，而你是無法瞭解得到的。

九、不要怕承認你是凡人，並且也會做錯事。

讓青少年知道你並不是食古不化或獨裁者，這樣會幫助他對你的信賴增加而非減少。

十、讓孩子知道他們每件事情對你都重要

假使你的青少年孩子做了令人感到驕傲的事情，你要為此讚美他。所有青年人都需要愛與尊重，所以應該慷慨地贈與給他們。你的青少年孩子需要知道，無論發生什麼事情，你都是深愛著他的。

【美東時報】
1990-05-13

# 求職面談應注意些什麼

## 鐵　夫

　　無論你是當面、用電話或用信函申請工作時，都希望能邁出最佳的第一步。你會想盡可能使雇主對你有個最好的印象，也就是要準備有效地介紹你自己以及你的資格。面談時之第一個印象是你幸與不幸的因素，雇主以他所見作為判斷。以下各點對他非常重要：

- 守時—準時到達—不要太早或太晚。
- 服飾整潔，不要穿得過份講究，避免太過正式或太隨便。
- 檢查並確認你的服裝乾淨而平整。
- 鞋子擦過而情況良好。
- 頭髮指甲要整齊清潔。
- 不要抽煙、嚼口香糖、垂頭呆坐或煩躁不安。
- 注意你說的英語，避免用俚語。
- 與主持面試者講話時使視線保持與他接觸。
- 讓雇主看到你對於請予考慮的工作確實很感興趣。
- 對該工作與該公司表示相當程度之熱衷，瞭解你所

求工作之薪水範圍。

・很願意而高興地接受性向測試，申請表要填得整潔而明晰，並且要儘可能的正確。

・不必太謙虛—將你的特別技術、能力以及興趣告知雇主。

・不要怕問問題，對那些所問你的要完整地答覆，同時要很禮貌而誠實。

・要愉快而友善，但要像職業化，偶而帶點微笑，要輕鬆自如。

・不要帶任何人和你一起去面試，除非他也是正在申請該項工作。

・面試完畢時，謝謝面試者爲你花時間，並問清何時可望得知面試結果。

・假如你年齡在十八歲以下，要有工作許可證。

　　在很多事例中，有一種聰明的做法是在第一次面試過去幾天後，在私人方面再去追個電話。你必須說服你的雇主，你確實有興趣爲該公司工作。請相信這樣的做法，因爲你唯一的目的，是要使雇主在記憶中有你。

　　假使用電話或通信申請，必須使雇主對你的資格加深印象以使他或她對你作進一步的考慮。你電話中之聲調與禮節，或信中整潔的繕打，優美的詞藻，都會對你有好的印象（正確之拼字是很重要的）。

【美東時報】

1990-05-27

# 社會教育問題一籮筐

## 鐵　夫

且看看人家怎麼說？

某年某月某日無意間，檢到一張打滿英文字的電腦紙，上端沒有標題，最後也沒有結尾，只見用阿拉伯數字標了號的「段落」。為了好奇，對其內容很快地作一番瀏覽，發現這總共十七號的「段落」，都是互不相關的敘述，倒有點像要在討論會中發表的論文「摘要」。再經逐字仔細閱讀後，覺得可將它們歸類於「目前紐約（甚至全美）正在討論的『社會、教育』問題」。我之將其譯出，是想向讀者諸公介紹，正在討論的一籮筐「美國問題」是些什麼？看看別人是怎麼說的？當然也希望激盪出我們自己的看法，因為他們的立論不一定正確。

（一）向兒童灌輸性知識，是父母的責任，而並不是老師的。性教育是屬私人的事，而不是屬於學校的事務。

（二）教室裡舉行測試，所產生的壓力，會使學生無法做到最好的地步。應該允許學生在任何他們所想的地方舉行測試；諸如在家中，在圖書館，或其他較方便

的場所等。

（三）老師們給學生的考試。並不真能測試到學生所學的，實際上，絕大多數的考試只是製造許多壓力加諸於學生身上。

（四）紐約市的高中，因對學生的教育不夠而受到批評。在這種情況中，老師與學校行政當局常是被指責的對象。然而在許多情形下，他們已盡力而為，不能將高中的一切問題，都怪罪到老師與學校行政人員頭上來。

（五）近來在法院裡，對公立學校的禱告時間，是否應予取消，發生爭議。由於聯邦憲法保障「有宗教信仰表達之自由」，同時禱告又是宗教信仰之表達的很重要的一環，所以在全美的小學與初中，都應安排祈禱的時間。

（六）許多人認為兒童的暴力行為係學自父母，而並非電視或電影。他們表示，如果父母責打他們的孩子，小孩長大後會認為，體罰是表達憤怒與挫敗之唯一方法。

（七）紐約，謀殺的發生率，已到達驚人的比例，但警局、法院、乃至監獄又沒有能力來控制此一問題。惟一能減少這些暴力犯罪數的方法，就是恢復死刑。

（八）一個有組織的民間團體，正要去阻止電視網播放不合於該團體道德標準的節目。因為許多電視節目的低俗、無聊或暴力，該團體之要插手這方面的檢查是屬必要的。

（九）現今美國人正購買著比以往更多的外國產

品。縱然有些外國貨比較便宜，然美國公民仍應購買美國產品，諸如汽車、電視、音響以及衣物等，以能對我們自己經驗有所幫助，而不必去接濟別的國家。

（十）在美國的每個族裔團體，都以能保留自己語言與文化為傲，有些人則認為在一這方面的過份強調。對新移民要以英語與美國生活方式來取代其本國語與文化的目的有所相悖。

（十一）正當政府在討論徵召年青男人加入軍隊，女人又一直在爭取平等權力，並說她們能做男人能做的任何事。為了求得公平，女人就應徵召入伍。

（十二）在最近的一次反戰示威中，一塊牌子上寫著「沒什麼值得去送死的」。一般說來這一訴求是對的。師出無名……既不為國家、宗教、家庭，甚或朋友，是不值得去死。

（十三）現有些屬於私人的民間團體，正在紐約的許多地下車站巡邏；因為據宣稱，犯罪事件已多得警力無以應付。這些私人團體也許用意甚善，但他們也許也想將法律捏在自己手上。然而對法律與他們自己的秩序會構成一種威脅。

（十四）帶槍的警察很危險。近年來，在許多案件中，警察射擊疑犯或傷及在旁的無辜者之事件，顯有增加。這些事例顯示，在驚慌中，警察的反應也會和一般人一樣，因此警察應該禁止佩槍。

（十五）汽車的時代即將結束，公車與火車（地下

車）必將取代汽車而成為美國主要交通工具。

　　（十六）在今天並沒有要積蓄金錢的理由，因為它並不能帶來大多數人所想的安全。如果他們所花的就是所賺的，就會覺得快樂，同時真會感到有錢的樂趣。

　　（十七）在任何人之一生中，個人之成功很重要，然而個人成功之尺度，社會與社會間是不同的。在我們這個社會中，「成功」就是金錢與物質之擁有。以美國人而言，惟一覺得是成功的，就是賺了很多的錢。

　　　　　　　　　　　　　　　【美東時報】
　　　　　　　　　　　　　　　1991-07-21

# 不能反對中英雙語教育

## 鐵　夫

　　我一到紐約不久就得到進入此間公高中雙話教育計畫中工作之機會。這八九年來，覺得雙語教育，尤其是中英雙語教育，加諸於華人新移民之嘉惠實在不少。中英雙語教育非但有繼續存在的必要，而且尚須隨著華人移民之增加而擴大、加強。

　　美國基本上是個移民國家；希望各族裔能保有相當程度的原有文化，更希望新移民能在舒適的（COMFORTABE）感受下，迅速接受新環境中之現實文明。為幫助大家儘快自然地融入這個為大家所共有的社會，政府總不遺餘力地提供各種「雙語教育」。

　　近年來，尤其在美國與中國大陸建交，和香港九七大限宣佈後，加上台灣及香港的原來名額，每年總有數以萬計的華人湧入美國本土。教育當局為顧及華人新移民子弟在進入美國高中教育主流（MAIN STREAM）之前，不致有語言障礙，遂在華人較多地區之各公立高中，紛紛設立「中英雙語教育中心」，且已成為美國整個雙

語教育政策中之重要之一環。

　　目前在紐約各公立高中所設置之「中英」雙語教育中心，除對新移民子弟提供雙語教學外還免費提供成人英語補習班。尤其它能為甫自國內來的華人家長，在截然陌生的環境中解決護送子弟入學時，所遭遇的種種困難，更是種極實惠的服務。

　　中英雙語教育計畫受益最大的莫過於十三四歲到十八九歲的中學插班生。因有雙語教育之助，才使他們不致因語言障礙而與在自己祖國所打好的優良基礎脫節，進而很自然地跟上主流，與此地的新階段銜接起來。否則難免在學業上會事倍功半，甚至因失去信心與興趣而「斷」送前程，或因趕不上進度而自暴自棄，甚或因難以出類拔萃而埋沒人才。

　　如果缺乏雙語教育中心人員之助，許多原來非常優秀的子女，剛到美國，在入學編班時，可能會因語言障礙，顯得「一問三不知」，以致被莫名其妙地當作「白癡」而編入「特殊教育」班。那樣很可能會弄得永無「出頭」之日；要一段相當長時間之堅苦奮鬥，才能得以「平反」。在幫派組織中所以之會發現有許多聰明伶俐的青少年，就是因為其在校「前途」被這樣的「堵塞」才「被迫」進入歧途的。

　　另外由於中英雙語教育中心之設置，也使得存在多年，因著語言隔閡而發生於學校與家長間之溝通問題得以解決，且因此挽回了許多問題學生誤入歧途之厄運。

課業輔導與編班排課之協助、洽商，對新移民學生也是一種莫大的幫助。

在課程方面，除較低年級中，諸如生物、自然科學、社會科學、數學等多設有由「中英雙語」教師所開之班級外，同時校方藉「中英雙語」教育中心之助，還設有同樣計算學分而列為外國語的中文教學班，以提供華僑子弟繼續接受母語的教育。在教材方面也不斷投入人力物力，致力於教材之翻譯，以供甫自國內來，而對英語尚不熟識的新生或插班生對照參考。

「中英雙語」教育對華人新移民所作之貢獻已勿庸置疑，但萬萬沒想到在洋人因種族歧視而發生的反對「雙語」教育之聲浪中，居然也聽得到華人的聲音，而多半出於新移民，實在令人詫異！他們認為雙語教學會影響其子女學習英語之進度，也有認為雙語教師多為「華人」，覺得會比「洋人」要差。殊不知中英雙語教育非但不會影響學習英語之進度（英文課仍為「洋人」所教），相反的更容易引起學習興趣。況且中英雙語教學之真正目的就是要幫助華人子弟加速進入美國的教育主流。普通只有九、十年級才有雙語教學，到高年級就都編入主流班級去了。

再說這群教職員個個博學多才，擁有博士碩士學位者不乏其人。教師執照之取得，除必須通過和「洋人」一樣的考試外，還要加考一項「洋人」所不懂的「華文」。他們都是在國內受過良好基礎教育的留學生，比起洋教

師毫不遜色。

　　中英雙語教育，對我華人而言，只見其利不見弊，華人移民不應排斥而且應悉心維護，使發揚光大，造福新移民。同時建議中英雙語教育華人領導層，在為爭取人力、經費而公開談話時，應將「因缺乏人力財力所以辦得不理想……」（給人印象如此）改口為「需要更多的人力財力使其辦得更好……」（實際上已很有績效），以免誤導人們對此存疑慮。（紐約）

　　　　　　　【世界日報】（家園）
　　　　　　　1990-12-27

# 上中文學校就該學國語

## 鐵　夫

不說國語學方言‧獨門心思害少年
再不覺醒回頭轉‧後代子孫恨綿綿

　　不論在美國，還是在世界各大城市，凡有華人群居，就會有中文學校；使落籍於異鄉他國之炎黃子孫，得有接觸祖國固有文化的機會。不僅是辦校的、執教的、提供相關服務的社會人士，令人肅然起敬；就是終年不辭勞苦，風雨無阻，犧牲周末假期，送子女去上中文學校的家長們，他們的執著精神，也十分可佩。那些移出嬉戲時間，來學習祖國文化的稚齡華裔兒童，更形顯得可愛。

　　中文學校之存在，不但能使炎黃子孫在海外延續並發揚其祖國固有文化，也能夠使他們在長大成人、立足社會時，對同為黃皮膚、黑頭髮的中國人，有股自然的凝聚、親和力；促使外人不再說我們為可以任意欺侮的一盤散沙。同時，他們將來也會因擁有世界上最古老、且最大民族之文化與語言能力，非但對其事業與前途，

都會有所裨益，對祖國的回餽也會有莫大的幫助。尤其在迎接即將來臨的廿一世紀（將是中國人的世紀）方面，更會強人一等。

在華人眾多的大城市裡，有許多的中文學校，有立案收費的、有社團（如教會、同鄉會等）主辦的，也有由志同道合的熱心家長，犧牲假日來合作辦理的。有些大如紐約的城市，除國語外，還有用粵語教學的，最近據說居然還有專教兒童去學閩南語者。

用國語教學的，又分海峽兩岸的不同方式，來自岸東的，多用國語注音符號，（或所謂教育部第二式，其實就是早年的國語羅馬字）幫助發聲。至於來自岸西的，當然是採用所謂漢語拼音（其實也只是另一種形式—羅馬字的國語注音符號而已）。不過，無論是注音符號（或教育部第二式），還是漢語拼音方式，教的卻都是「國語」，兩者互有優點，可說是殊途同歸，目標一致無可厚非。

至於將子女送去學習粵語、閩語等方言者，則大有商榷之必要。試想，華裔孩童的時間是如何的寶貴，家長們硬將他們的應有嬉戲時間剝削掉，要他們額外地（與一般非華童相比）去學習一種，將來既不能與「中國人」交通，且用途不大的中國方言，對孩子們來說，他們所付出的代價未免太大，實在不值得！

我曾多次聽到講廣東話的家長說，他們所以之要送子女去學用粵語發音的「中文」，是希望他們能保持與

只會講廣東話的家人，有語言上的溝通能力。那是多麼自私、殘忍、且愚不可及的想法？子弟們自幼付出了重大代價，郤沒有真正學到「中文」，將來在成長中，與同道中國人，還得借用第三種語言（例如在美國要用英語）來溝通，叫他們何以能自處呢？

在此地，不會說國語的廣東人為數甚多，三代同堂的也不少，他們希望子女說其鄉音而不說國語，只是出於「自私」（—希望與家人保持溝通）的心態，尚情有可愿；但那些送子女去專學台語的，就居心叵測了。他們絕對不是為了語言溝通問題，因為凡在此地，子女尚幼的「台灣人」，我敢說絕大多數，國語都能說得很好，（否則那有資格放洋留學來此？再說，在台灣，凡五十歲以下的都會講國語）即使有上一代同住，祖輩也不過才六十出頭不多（年紀再大的，其孫輩已經過了「送上中文學校」的年齡），不見得完全不懂國語，尚且上一代來美與子女同住者為數不多，因孫輩說國語而導致上下代不能溝通的可能，與廣東人相比，少之又少，絕對還沒有開班教學之必要。其實，他們要子女學「台語」的目的，只是要「告訴」子女他們不說中國話，是因他們不是中國人，而是只說「台」語的「台灣」「國」人。也等於在對可憐、尚不懂事的幼兒，加以毒化，灌以大人們的醜齪思想。因為要子女像他們一樣，認定中國人是狗、是豬，所以不要他們說「中國話」，以圖掩飾體內也流著狗與豬的血。要他們在學校的黃皮膚、黑頭髮

群體中，對說中國話的華人，投以仇視眼光，以報答其父母的一片「教育」「苦心」。使他們自幼就從華人群體中孤「獨」起來，而不自覺。

像那樣心態的家長們，應該立即冷靜起來想一想。孩子是稚真無邪的，你們要將大人們齷齪的「政治」思想，加諸於幼苗的心靈裡，對孩子們來說，未免太過殘忍。而且你沒有這個權利來摧殘他們的自然成長、影響他們在人格與個性方面之發展，他們在人生旅程中，從開始就蒙受如此巨大的損失。同時你得要小心，等他們一旦發現他們自已原來也是流著中國人血的中國人，而懷疑到你當年爲何要他們花這麼多寶貴時間去學一種用途不大的方言，郤不讓他們學會放諸天下都有的中國國語時，你的謊言與私念就會被拆穿，到那時你就後悔莫及了。

再說「攪」政治，要從下代子孫的語言文化上先動手，非但是種投資極其浩大，郤效果不彰的冒險，也是愚不可及的傻事。試想，假使你一事無所成，你這樣先毒化了子女，當然是戕害了他們。即使一旦「真」是成了「氣候」，又怎麼能用一個大國的區區方言，來治理國家，甚而試圖與其分庭抗禮呢？

我們再來放眼環顧一下世界，就拿最近的美國來說，當年那些不能見容於英國的撒克遜族之罪犯、浪人、亡命之徒，來到新大陸不久，他們的後裔成了「氣候」，而想脫離英國統治時，非但沒有揚棄「英文」，以示「不

是英國人」反而善用了他們祖先的語文，將這個偌大的土地，治理得成一個真正「美」麗之「國」。

　　另外，再看新加坡，自從從馬來西亞人手中獲得獨立之後，不久就立法，將中國國語文（他們稱華語、華文）列爲官方語文。因爲他們百分之八十是我中華民族後裔，都以流中國血、說華語爲榮。他們並沒有要用說廣東話、潮州話、台山話、甚至閩南話，來表示他們「不是中國人」、是不屬於中國「政府」的「國」。

　　家長們，如果你真要讓孩子學中文，就送他們去學國語吧。將來他們會感激你的。

【美東時報】
1991-06-02

# 代間本無「溝」，愚公自挖之

## 鐵　夫

　　洋人所謂的 GENERATION GAP，我們中國的社會學家們將之譯爲「代溝」，似乎甚爲得體，也很傳神。由於這一名詞的「新潮」，同時又擊中時下病態社會要害，慢慢使人覺得「代溝」之存在，是好像中國農業社會時代，婆媳間之「世仇」關係一樣，是與生俱來而難以避免的。因爲大家都已認爲有「溝」的存在，於是凡家庭裡所發生的一些齟齬紛爭，只要是兩代之間的，無不將「罪過」往這條「鴻溝」一推，就算是爲問題找到了答案。由於「溝」本身總是緘默容忍，使它在人的心目中變得愈來愈深且寬，代「人」受過的「肚量」也就變成無所不包，無所不容了。甚而讓人們肆無忌憚地在這條無形的「鴻溝」裡惡性循環著愈來愈多的「代間」矛盾。難怪在今天這個社會裡，凡有三代同堂而沒有「鴻溝」存在的家庭，會得到地方政府或社區之表揚，那塊得來不易的「匾額」或獎狀，掛在大堂之上，比以前的「貞節牌坊」還要彌足珍貴。因爲寡婦守節，只是那賢德婦人一個人的事，而「代溝」卻至少涉及兩代的人。

　　在西方，像美國這種社會，住在一個屋簷下的所謂「兩代人」往往不是源自一個族系，非但有時沒有血統關係與親子之情，當「父」「子」「認親」（如領養或配偶帶來）時，已經彼此直呼小名而表示「親暱」了。這樣組合的「家」，即使是同一「代」也都已有「溝」的存在，何況是「兩代」之間呢？

　　我們中國人不同，所謂「代」，一直指的是直屬親系的上下「代」。在一個「正常」發展的家庭裡，由於生活隨著時序進行的軌跡，無論是好是壞、是興是衰，都可以畫成一條連續不斷的曲線，且在相接的二代間一定有一段相當長而融合重疊一起的時間。所以嚴格說起來，這樣的傳宗接代，生生不息，在上代與下代之間，縱然會有意見與觀點上之差異，根本尚不致形成所謂鴻「溝」。

　　如果一定要趕時髦，在我們生活裡攙進一些「洋文化」，我們也可能有兩種原因會在兩代之間造成間隙；一是這個家庭曾經在結構上發生過劇變，兩代人在分散一段相當時日而復合者（如當年的八年抗戰，和現時的兩岸相隔）。另一是下代子係離鄉背井，出門在外，或遠渡重洋吸收新知識後而重聚者。這兩種都是因為受到外力影響，使下一代的人在思想學識方面發生了與原來「老家」無法銜接的驟變；這樣的復合，兩代生活在一起難免會感到格格不入。但是我們仍不能將這種時代悲劇所造成的「隔膜」歸罪於「代溝」。

　　在一個正常家庭中，兩代間在思想觀念之差異，是

漸進而不是突發的；例如上一代之固執、嘮叨，甚而越來越多的「想當年」，那是每個人在中年以後與日俱增的自然現象，大家都會這樣，只是程度不同而已。因為它不是突如其來的，其下一代應已在不知不覺中接受而作了調適。當上一代說：「我吃的鹽比你吃的飯多，過的橋比你走的路多……」，也許你覺得他是「倚老賣老」，而實際上他正要將他的人生經驗傳授給「延續」他生命的你。當你「感覺」到上一代落伍、而不如你有學問時，你應理解到他們為何要含辛茹苦，將你培植得比他有更新、更廣、更深的知識，因為他想藉著延續他生命的你去追趕潮流。潮流是延綿不斷的，沒有上一代也就沒有你這下一代。你不能將老化中的上一代加速推下那無情的鴻「溝」深淵，就算了卻負擔。你要知道，當父母嚥下最後一口氣的時候，最牽掛的還是為他延續生命的兒女！

至於身為上一代的，也應認清潮流，不能再用二十四孝的故事作為兒女對待你的「準則」，也不要用「代溝」來搪塞你與下一代間的間隙。如果兩代間有隔閡，你也應檢討一下，假使你認為還沒有到耳不聰、目不明、反應遲鈍，或「只記得從前、常忘記現在！」的地步，那至少要反省一下，在教育培養子女方面是否有待檢討之處，而不要用「代溝」來自圓其說。

代間本無溝，愚人不要自挖之。即使有些間隙在，就得彼此用「愛」來墊滿它。

【世副家園】　1991-05-02

# 且把孩子帶去教堂吧

## 鐵　夫

聲明在先：

我是個新移民中之老移民，我移民的條件與背景跟大多數的移民也許不完全相同，但可能相仿，至少有個共同的「藉口」── 「為著下一代」，希望子女能及早在此受到完整教育。

七年來我一直在此間公立高中的雙語教育系統工作，接觸過許多不同「問題」的「問題學生」，他們之發生問題，非但對社會造成傷害，更破滅了父母的「移民美夢」。我也曾經歷過驚濤駭浪，但我是個「幸運」者，因為我的孩子都已平安渡過「危險」期。因此，最近我總覺得有個使命感，想將那些有「問題」的故事寫出來供大家參考，更想將我的「幸運」也讓新移民們來分享。

以下是在去年父親節，應教會牧師之邀，以一個父親立場所做的見證，不過我得聲明，我並不是要假公（屬於大眾的園地）濟私（我所信奉的基督教）來傳道（其實我還不配），而只是不想將這份白白得來的福份，隱藏起來佔為私有。

　　證詞：「……上星期主日崇拜，當我拿到這張單張（教會向應屆畢業的會友或會友子弟致賀的畢業生名單）時，很是「生氣」，因為今年我有三個都是會友的孩子，從四個學校畢業，在我參加過五個畢業典禮，帶著興奮的心情回來，卻發現這上面居然沒有「我」孩子的名字。所謂三個孩子，四個學校，五個典禮，是指大兒子的博士班畢業，在國內畢了業的女兒又從 FIT 畢業，和小兒子花四年時間同時從 COOPER UION 與 NYU 分別取得電機和電腦的雙料學士。NYU 先有理學院在教堂授與理學士，隔一天又在公園舉行全校性的畢業典禮。我雖然七天都要工作，同時孩子們也不一定要有我的在場，我還是想盡辦法參加了這五個典禮的每一個，有時還要白天晚上各趕一場，雖是辛苦，但卻甘美。剛才我之帶有三分「驕傲」和對教會之「生氣」，正流露出一個做父親的滿懷高興之真情，我想必能得到諒解的。其實，我今天真正要表達的並不是「炫耀」與「氣憤」，而是要以一個滿有收成的世俗父親，虔誠地向天上的父表示感恩之意，因為孩子們的長成都是因為他們信靠了祂。

　　尤其是我的幼兒 GEO，他來到這個複雜的社會時才十四歲，以這樣的年齡，能在像紐約這種惡劣的環境中安然渡過八年，這不是奇蹟與運氣，而是天父的恩惠大愛！有關於此，不得不佩服妻子當時所做的明智抉擇。當年她以一個弱小女子帶領一子一女先來到這個人生地不熟的客鄉住下，一方面牽掛著在台北大病初癒的我，

一方面又為兒女的成長背負著沉重無比的重擔，那險惡的環境使她惴惴不可終日。她在那末脆弱無助，進退失據的情況下，毅然決然將兒女帶進了這個教會，將那干斤重擔交托給了耶穌基督。由於有了教會的依靠，居然讓她能將孩子放下當小留學生，而自己回到台北照顧了我一段時間。大家知道，今天在這裡有多少十四五歲的青少年，因為父母不在身旁「監護」而迷失了方向，誤入了歧途，但我的孩子卻沒有，因為他總有所信靠的神「守護」著他。他有許多我也認識的小朋友，都很聰明可愛，有些他還帶進教堂來過，但多因父母對神的信仰不以為然，而不幸走上迷途，有的甚至捲入幫派火拼格鬥，他們的父母當然都會懊喪自譴，但多數又會將責任推給社會，或將「無力」「監護」的原因歸於忙著求生活。其實他們卻不知道，那怕是干斤重擔，只要你託付，主都會為你擔負起來。我太太將全家都帶進了這個教會，大兒子在主的祝福下，在這裡結的婚，其他的家人，包括我在內，都先後在這裡受的洗。現在我們都蒙了福，我謹在此以一個豐收的世俗父親向天上的父神大聲讚美與謝恩……」。希望：為著兒女而來，卻正在十字路口徬徨的「新移民」同路人，不妨帶著孩子們到教堂去，憑著信，你所求的一定會得著的。祝福你！

【美東時報】
僑窗觀景
1989-02-09

# 鼓勵青年成為童子「軍」

## 鐵　夫

　　一天讀世界日報皇后區版，對一則有關美國童軍總會紐約分會，感謝亞細亞銀行贊助的消息感到十分興奮，令我理解到原以為已死去多時的童軍活動，居然尚存一絲生息。

　　在世風日下，唯利是圖的今天，亞細亞銀行對一個幾乎被人遺忘，而在今天社會中毫無地位，更無「經濟價值」、當然也無「廣告效益」的非營利、一般認為娃兒玩的社會團體 —— 童軍運動捐輸贊助，我想亞銀董事長蔡仁泰先生大概是位具有資格的健士（童子軍）。因為只有真正童子軍（一日童子軍、一世童子軍）才瞭解到童軍運動的真諦，才會體會出英國貝登堡爵士理念之偉大；否則一般人怎肯將白花花的銀子丟到對「事業」毫無「助益」的「童子」「軍」（中國在一開始就錯將Boyscout譯成了「童子」組成的「軍」隊）「玩藝兒」上去？

　　「童子」軍運動的對象，所以之以高小到高中畢業

期間的青少年為主，因為「人」的一生，在這個年齡期間（當然現在也有八歲以上的幼童軍與成年以上的其他級別的「童」子軍），各方面都正蓬勃發育，精力充沛，而吸收能力最強，可塑性也最高；除了睡眠以外，無論在學校、在社會、在家庭，幾乎全部時間都在汲取知識，摹擬人生，也就是人生接受教育的黃金時期。因為他們是國家社會未來的主人翁，所以對他們教育之成與敗，對國家、民族甚而至於人類的現在與將來都有莫大的影響。可是現在的教育制度實在無法滿足飢渴若狂的青少年。因為：1.時間不夠 —— 從學校所得到的教育實在太少；2.空間有限 —— 學生離開學校，在所處時間更多的社會與家庭中就無人領導；3.精神生活成份不夠 —— 青少年的情感、建設力、利他心都失去帶領與輔導；4.對個人需要缺乏注意 —— 學校只有制式的智識灌輸，而忽略每個青少年的慾望；5.自我表現的機會太少；6.實驗機會不夠 —— 實驗自己所學，尤其在生活方面的體念無法實驗；7.學校與社會不溝通 —— 以少數時間在學校所學並不能活用到要以更多時間所處的社會與家庭；8.與將來的生活不連貫 —— 以「人工」造成的學校生活與「自然」形造的社會生活不同。

由於教育之不足以致青少年在離開學校到社會上時就無以適應，遂成隨波逐流與未受教育的人一樣胡混。尤其一群可憐的華人新移民子弟由於文化背景之不同，語言上之障礙，加上家庭之缺乏照顧，在這個充滿罪惡

的茫茫大海中，自然會迷失航向。他們為不甘失散落寂，很容易就被誘變為幫派之最佳人力資源。因為在那裡，教育上之「不足」會得到部分「補償」。當然不會每個少年都去找「負面」的補償，但每個人的這一大片「空白」，如果不予適當的填充，肯定會造成巨大的浪費。所謂各種青少年的幫派，實際上並沒有什麼「陰謀家」在主使、培植，而是青少年在一片空白檔期，因為缺乏正確的「領」與「導」，以致走向自然趨勢形成的「同道」。

這不能責備青少年，也找不到真正「幫主」來負「誘騙」的責任。主要的是缺乏「良田」來培植那些優良的種子。（註）

由於童軍訓練有：1.目的清楚與行為相應 —— 在德育上站得住,為其最大目標；2.方法簡易 —— 如結繩能救人、日行一善；3.成功容易，適合青少年心理喜歡去「做」；4.引導青少年走入人生更偉大的途徑 —— 可在精神生活中求得安慰……等好處；只要有適當的領導，每個青少年都會寧肯「做」童「軍」，而撇棄「組」幫派了。

鑒於此，所以呼籲家長們多鼓勵您的子女去從「軍」（童子軍）而不要他們在異鄉客地混江龍；更盼望在華僑社會如蔡仁泰先生等有成就的慈善家，發起創立一個童子軍團，以「收編」來自各地而正處於十字路口的華僑子弟來參加一個具有「華夏」特色的「健士」活動。

★註：前日有位高中老師說，他督促孩子很嚴，每

天做不完的功課，那有「空白」可言云云。這種不能讓
孩子發展為完整人格，而一味用死讀書來「填實」其「空
白」的管教方法不盡相宜，同時這樣管教孩子的家庭，
又有幾何？絕大多數是浪費或錯用這片「空白」的。（紐
約）

【世副家園】
1990-05-22

# 書中自有黃金屋
## ── 分數比美鈔可愛

### 景　亮

建議家長們不要鼓勵中學生去打工

　　年輕時，在國內，對於處處以「學歷」來取捨人才，衡量「價值」之「文憑主義」，頗不以爲然，而對美國社會之憑「本事」之風尚郤極爲嚮往，然而來美後，由於多年來一直在公立學校系統工作關係，發現美國公務機關，以至一些略具規模的大公司在徵選人才時，非但要「有學位」證明，還要審視在校「成績單」；尤其在教育系統裡，聘請教職員，雖然並不「追究」分數高低，但一定要憑「成績單」才能決定你能教什麽。至於一個中學生，「分數」高低幾乎完全決定一個人升學的「等級」，和取得獎學「金」之多寡。中學升大學如此，大學畢業進研究所亦復如此。對一個家庭收入低的大學生而言，打從高中起，其考試成績與$就幾乎可以畫上等號。所以在此奉告各位擬以「打工」積存「大學學費」的中學生以及家長們，中學裡的「分數」，比「打工」

得來的「小費」要有「價值」得多，因爲「分數」是要靠學問才能換得到。「分數」非但可與「打工」得來的「金錢，劃上等號，在實質上還比「打工」時得到更多的「學問」。

高中時期各種考試的「分數」高低，對大學之申請，有決定性的影響，要是在高中的學校成績只是「及格」（在美國，因教育政策關係，極容易取得「及格」分數，而混到高中文憑。再說，勤於打工的學生，其成績大致不會比「及格」高到那裡去），SAT 肯定不會考得很高。凡畢業名次高而成績優異者，非但能容易得到高水準大學之歡迎，家庭收人低者也容易獲得各種獎助金之補助。

茲以周姓學生從高中升大學，乃至就業的一個真人真事、且平凡的例子，來說明高中「分數」就是「金錢」的道理。他在台灣念過初二，隨父母來到紐約；開始上高中時（此地的高一是國內的初三）因語言障礙，和環境陌生關係，在學業上，的確曾經過一段相當艱辛的路程。一直到十年級後，才逐漸進入情況。雖在語文方面始終無法有突破性的成績表現，但其他諸如數、理、電腦等科，倒常有九十以上的分數（稍加用功的中國學生，要取得此成績並非難事）因而被編入一些科目的榮譽班（如每科都能在九十分以上，則可編入全科榮譽班，接受程度更深的教育）。同時因其「分數」較高，老師認爲他比較有餘力參加各項活動，諸如保送到大學進修微積分，參加 Computer Club（被老師收爲高徒，而施以電

腦強化訓練）、被遴選為參加物理科 seminar 之學校代表、擔任中國同學會會長（因「分數」高有餘力幫助同學遂被推舉）等。

這些因「分數」較高，才得以參加的活動，除能獲得接受更多「學問」之機會，在日後還可反映出「金錢」的價值，例如他在皇后學院所獲微積份的學分，得到後來的 NYU 和 COOPER UNION 之承認，致省掉一筆在該校的昂貴學費，尤其是因此縮短了修業期間；省了學費，又能提早就業「賺錢」。COMPTER CLUB 所獲知識與訓練，非但省卻在校外學習同樣技能所必須付出的「金錢」，也使他有足夠能力，在四年內修完雙主科（DOUBLE MAJOR）。

獲得雙料學位（NYU 之 COMPUTER SCIENCE 與 COOPER UNION 之 E.E.）。物理 SEMINAR 之參加，得以增強大學期間之學習實力，對以後一年的獎助「金」多寡也有助益。至於擔任學生會長，雖然並不直接與「金錢」有關，可是這一經歷對於能否進入高水準大學，有莫大的影響；因為此間的一些名大學，對書獃子並不十分渴求。

周生之這種成績，在華人子弟中並不算是傑出，他也沒有過人聰穎之處，現之所以要將他舉為例子，就因為他只是一個普通、而不拿功課作業與應該休息的時間去「打工」的學生。從他這個例子，足可以說明，一個華裔中學生。只要善於利用時間稍加用功，就可得到較

高、且可變爲「美鈔」的「分數」。

　　再說，因「打工」而導致「分數」平平者，所能進的，肯定只是普通，而無甚獎助金的大學。那種學校一般學費低廉，加上在紐約居住的學生，還可獲得州政府之 TAP 獎助金。那你多年辛勤打工賺來的「小費，」，對你上大學就無多大的作用。然而你因「打工」所錯失掉的學習機會，卻是一去不回頭，而抱憾終身的損失了。

　　最後再舉一個現實例子，作爲結尾；在本社區的公立約翰勃恩高中裡，設有教學駕駛汽車的訓練班。雖不計學分，然也不收費。但如果全校數以千計的學生都想學，那就粥少僧多無法應付。唯一辦法是以「分數」高低來取捨，「分數」較高的學生，才被認爲有「餘力」參加駕駛訓練。當然「分數」較高者就此能省掉一筆日後在外學習駕駛所要付出的「錢」了。那豈不是「分數」就是「金錢」的最好說明嗎？

【美東時報】

1991-03-03

# 中學生不要輕言退學

鐵　夫

　　在美國，多年來一直將一年一度的勞工節，排在九月份的第一個星期一，使人們能享受到夏季最後一個長週末，所以，一般對這「送暑迎秋」的假日，無不懷著高興的心情來表示歡迎。然而對必須繼續升學的中小學生而言，總嫌此一節日來得太快，因爲此日一過，第二天就得收心返校上課了。

　　根據統計，近年來，高中生之退學率已高到令人擔憂的地步。尤其每逢秋季開學，經過爲期二個月的漫長假期之後，不返校報到的情形，更爲顯著。許多在美國成長的各種族學生如此，中國移民子弟中，「半途而廢」者，也不乏其人。

　　近日，正爲這群新移民子弟杞人憂天時，看到一篇由 DALE ARLOYOCOM 所撰「正視中學生退學問題」的短文，深具同感。他揭櫫了高中生「退」學，對個人與社會所造之傷害，並大聲疾呼，奉勸高中生，千萬不

要輕言「退」學；一定要返校繼續上課，一直到拿到高中畢業文憑爲止。

有些華人新移民，對此不一定有相同之看法，他們也許認爲「高中畢業」程度，並非人人所必需。然而，你既要想盡辦法落入這個社會，就該理解到，在這個高度開發的國家裡，「高中畢業」，只是最起碼的教育程度。高中未畢業，就好像國內一個不念完小學的人，他能做什麼？社會又能期望他做什麼？在此地，「高中畢業」，僅能具有最低的謀生能力。家長們既已將子女帶到此地來，總不會希望他們再步你的後塵，鑽入廚房、衣廠，做些不需「高中畢業」程度的工作吧！

對學生來說在暑假期間，也許你原已決定不再返校，或者原來是打算要回去的；可是，只要你一找到工作（不管是那種工作），你就會立即採取「退」學行動。若是果真如此，你有沒有想到，你在做什麼嗎？事實上，你正在要從比高中教育程度所能及的，範圍更大的天地裡「退」出。你正「退」出機會，「退」出比較好的工作、「退」出安全（經濟方面）的未來。你要知道，現有的高中「退學」學生中，幾乎三分之一是失業的。另一方面，那些高中畢了業再進入工作市場的，其平均收入，要比高中「退學」下來的高出兩倍，而在未來的前途方面，也有比較更好的機會。

在另一種意義上來說，你退學，是正在與你自己，和社會作對，而投向罪惡。你將爲你那會喪失機會、且

降低生活水準的錯誤決定，付出重大代價。

在社會方面，也因你的錯誤決定，而付出重價。因為在你因失業而享盡社會福利之餘，政府還要花銀子，來讓你接受工作訓練。特別是，你「退」學，就是要將國家社會所能提供給你的許多高水準生活的機會，拒於門外。

無論你在何處，那些沒有完成高中教育、或這學期正想不回校的學生，還有時間慎重考慮。時間會辨認出一個壞的決定，也會厚待他們的。

記住，能救你將來的，可能還是你自己。好好想一想，還是不要「退」學，而回去上學吧！高中畢業的方帽子正等著你呢！（紐約）

【世界日報】

1991-06-23

# 小字典大用處

## 鐵　夫

　　屈指一算，從蓬萊仙島移來亞美利堅，已經是十四個年頭了。在這將近五千個日子裡，絕大部份時間都與「中英雙語教育」工作有關。其間曾在公立高中翻譯過數理教科書，曾以「中英雙語」教過自然課程，也曾因是「中國人」而被「徵召」開過計學分的「中文」課。可以說，在頭十年裡，我之得以在這競爭劇烈的「西方」社會中，站住腳生存下來，多半得助於所「識」的幾個「中國字」。

　　我原來學的是工程，大半輩子所從事的也是「黑手」（台灣對幹實際工程者之暱稱）工作。平時除了一些制式的應用文、計劃書、報告等外，用到文字的機會不多，到後來，更是只有在處理公文時，才與文字打個照面。筆下寫的，也就只有諸如「可」、「礙難照准」、「速辦」、「照辦」、「緩辦」、「擬辦」、「存查」……等幾個大字。一旦要靠著它成行整頁地謀生，就立即體味到前人所言「書到用時方恨少」的道理了。

　　起初，仗著「工學院畢業」的頭銜，以為翻譯一些在行的數理課本，還不致於有多大困難，孰料一提起筆來，就覺得並不那末輕鬆。很多的字寫起來拿捏不住準頭，不是寫出似是而非的錯、別字，就是無意間用了音同而義不同的「字」或「詞」。常因字的寫不出，詞或成語之費思量與推敲，而使翻譯工作停頓下來。

　　開始進教室「教」「中文」時，翻開台灣的初中國文課本，居然有「似曾相識」卻無法正確地「直呼」其「名」的方塊字。既不敢在學生面前打「啞謎」，又不能將「扔」字唸成「乃」、將「造詣」說成「造旨」來誤人子弟。在這種匱乏且無助的情況下，我那五六本原為中文電腦編碼參考之用、從台灣帶來的中文字典紓解了我的困擾。尤其後來覓得一本香港出版的四角號碼新詞典，隨身陪伴著，幫助我解決了許多文字上的困惑。說它是良師益友，還真一點不為過。

　　字典雖小，對我，用處可大。它幫我對一個字或詞作「確」認，對用字的「正」「誤」作辨別。它可使我舉一反三、觸類旁通地增加詞藻。它會給我更多啟示，在詞或成語方面作更佳的選擇，當然也減少了用字或詞方面的謬誤。一本嚴謹的詞源或辭海，更會提供無限知識與學問。總而言之，字典，對我可以增加寫作興趣與信心，至少可以不再因某字之難以思索而中斷、甚至放棄繼續往下寫。

　　字典，雖然對「教」者與「學」者都如此重要，但

一般在教學方面，尤其海外的中文班級，似乎都未加重視，也未教學生善加利用。一方面可能「教」者為避免瓜田李下（強行「推銷」字典）之嫌，另一方面（可能也就是真正原因）因為中文字典中之「字」，不像英文那樣能順著次序一翻即得，致使無論「教」者或「學」者，都會失去「隨時查閱」的興趣。不喜歡查檢字典，在中文的「自修」方面就不會有所長進，以後也只能憑著「還記得」的有限幾個大字來「做文章」。

我有一本能按四個號碼順序，迅速查出字來，且鮮有錯「失」的字典，「隨侍在側」，往往在突然發現有文字方面的疑難時，只要一伸手，就能即刻解答問題。這是本人多年經驗，絕無誇張。（待續：查字典的心得）

## 查字典的心得

前不久，此間中文報紙報導，某些中文學校曾舉辦過「查字典比賽」，雖未見說明查的是中文，還是英文字典，但根據我判斷，可能是中文字典居多。因為凡可論賽的，必然是具有相當難度的舉動；在查字典中，比較起來只有查中文字典才會有一定難度，且須要技巧與熟練；查英文字典，只要將二十六個字母排順了就可得心應手，而沒有什麼值得大張旗鼓，舉辦比賽的。

查中文字典，有數種不同的方法，在我五六本字典中就有部首法、筆劃法、國語注音法、漢語拼音法與四角號碼法等。但比較而言，除四角號碼外，沒有一種方

法能像英文一樣容易索求得到的。其中國語注音法與漢語拼音法，雖然是按照ㄅㄆㄇㄈ……與ABCD……順序排列的，但因同音字太多，仍然難以一「翻」即得。尤其凡發音不出，或發音錯誤或不準的字，就會在茫茫大海中失去芳蹤。因此一般因不會發音才要查字典者，只有捧著它乾著急的份。

　　部首法與筆劃法，原係兩種不同檢字法，但通常都得合併使用。亦即在部首法中，眾多的同部首「字」，需依靠筆劃多寡來排列其先後，在筆劃法中，則用部首來為許多筆劃相同，字形不同的字來定位。由於這種組合檢字法之規則很容易「瞭解」，再配以「難字檢字表」，看來似乎可以無往不利，故為大多數人所樂於採用。然而實際查起來頗為費勁，最「不便捷」，甚至也會造成「遺失」—「查不到」的結果。此乃因為組成上法之「部首」與「筆劃」都有其個別缺點所致。如：

　　（一）筆劃計算：常因寫法或算法不同，而數出不同的筆數。一旦某字在某部首中不能「一下」出現，就要再三在其筆數上找毛病，甚至對部首歸屬問題也起懷疑。

　　（二）部首之歸屬：（A）中國字係由二五〇來個「部首」、「字根」所組成，且有許多字的每一部位都分別屬於某個部首或字根。因無一定規則可循，往往幾個同類型字體，會有不同的「歸屬」，如燮之屬「火」，而變之屬「言」，蠻之屬「虫」；孟之屬「子」，盃之屬「皿」；畿之屬「田」，幾之屬「么」等。另外，更

有許多出於「意料」而容易造成歸屬錯誤者，如，斫之屬「斤」而非「石」，取之屬「又」而非「耳」，出之屬「凵」而非「山」，慕、墓、暮、之分別屬「心」、「土」、「日」，而非像莫之屬「卄」等。（Ｂ）有些筆劃較少而結構簡單的字，其本身既非部首或字根，卻又難以找對歸屬者，如乜、也、卮、之、乃等。這些歸屬方面的例子固然可以用「六書」詮釋之，卻易使查字典者，發生混淆而「誤入歧途」。查字時，由於有筆劃計算與部首歸屬問題在，一字之「尋」得，往往要經過數度「希望」、「懷疑」、「自責」、「挫折」、乃至「失望」或「高興」等不必要的情緒變化。人們非但感到查字典之「不便捷」，同時，也會因此而失去查字典的信心與興趣。

　　根據多年經驗，如不考慮「六書」涵義，卻單純就「查檢」字典的「便捷」而言，真正能像英文按照自然順序，迅速找到「字」的方法，莫過於四角號碼法。其中代表每個中國字的，只是四個阿拉伯數字，雖然也會有重號字，但要比同音的少得多，而且容易找得到。若應用本人的先形後聲法，則可順著次序編成一字一碼，幾無重號，且絕無三個字同一號碼者。查檢起來比查英文還要容易。

　　所謂「四角號碼」，就是用以代表「字形」四個角的形狀之四個數字。中國字的四角形狀，可以很清楚地歸成用 0-9 十個阿拉伯數字來代表的十個類形，所以只

要知道字的四角形狀，就可編出四個號碼，進而按照號碼順序找到其在字典中之位置。有時即使一個記憶模糊的字，也能依稀「試」著找出其位何在。若用本人所創始的輸人法，即使四個號碼不全，仍可利用電腦功能輕易地將字尋得。另外，不同的寫法，也可給與不同的號碼（如厦之 7124，厦之 0024）。

　　四角號碼查檢法，雖如此簡易「便捷」，然而一般人總認爲不易學會，以致無法普及。其實此法之學習最爲容易，問題是出在教者是否得法。本人對此教學頗有心得，極願爲此提供免費服務。

　　　　　　　　　　　　　　　　【世界日報】
　　　　　　　　　　　　　　　　1995-03-29

# 電腦寫作的樂趣（上）

## 鐵　夫

　　今年二月間，名作家林瀅老先生，在家園版寫的「老爸學電腦」一文中，說我是他學用電腦寫作過程中的「救星」。起初我以為，我只是在去年歲末和他切磋過我自己所創始的「周氏中文電腦輸入法」而已，怎麼都不會有救人一命那麼嚴重的感受。但我在美國國內和在中國大陸探親旅遊途中，對好些位同好（其中有作家、醫師、牧師、工程師、建築師、科學家、研究生、教授、商人、學生、船長、服務生、家庭主婦、博士、販夫走卒、八十歲以上的耆老、尚未進國中的小學生）作過講解後，大家認為我所傳授的輸入方法，真能打通他們使用中文電腦時的瓶頸，因而喜形於色的興奮與感激之情，倒真使我有點受寵若驚，也使我理解到為什麼林老先生會感情用事地稱我為「救星」的道理了。

　　這些人對於要用中文電腦寫作，原來都有強烈的意願，但是因為坊間五花八門的輸入法，都不是他們這些非電腦操作專業人員容易學得會，進而可以操作自如的

好方法，使他們失去使用中文電腦的興趣與勇氣。由此可見，輸入法實在是中文電腦能否普及的關鍵問題之一。他們所以之對我所教的輸入法心存感激，是因為我的方法易懂好學，且不需強記，能促使他們很容易地進入使用中文電腦的平坦大道之故。

其實，在那個時候，我雖然已在用中文電腦寫文章，但還感受不到林先生學會用電腦寫作後，會有那麼興奮。然而再經過一段時日，我在那手提電腦裡寫了數十萬字，且經常以此投了不少稿以後，才漸漸體會到用電腦「寫」文章，完全進入了一個迥然不同的境界。比起當年「爬」格子來，實有天壤之別，且有數不盡的樂趣。

輸入法之簡易與否，固然是引起人們用電腦來寫中文之興趣的關鍵所在，然而真正能引人迷於用中文電腦來寫作的，還是在於電腦本身的一些優異功能。一旦你遇上一種好的輸入法，將你引進了使用中文電腦寫作的境地，且使你的確對用電腦寫中文產生了興趣，你就會慢慢捉摸到如何善用電腦的各種功能。到了某種程度，作起文章來，就會覺得好像行雲流水，痛快之至。尤其是那些文字方面的處理功能，對你在寫作方面有臆測不到的幫助，使你的寫作能得心應手，更為順暢。

難怪，有些作家一旦用會了中文電腦，就會走上著了迷似的不歸路。就以我個人來說吧，自從有了一台筆記型手提式的電腦以後，因為它便於攜帶，我無論是上班還是旅遊，甚至應酬赴宴，都會將它隨身帶著，和我

形影不離得連結襬將近四十載的老妻都會要吃上飛醋了。現在大家對於我隨身攜帶電腦已視為我的標誌，只要那天我不帶著它上班，太太會在眼神裡用疑問號提醒我，同事們也會問我為甚麼？不久前有位同事打電話到我工作單位找我，因不知道我的英文名字為何，中國同事又不止我一個，接電話的洋同事不知道他要找的是誰，於是他急中生智，說要找一位經常帶著手提式中文電腦的中國人，結果還真輕易舉地找上了我。

　　現在，我在用電腦寫作感到「痛快」之餘，想到獨樂樂不如眾樂樂，所以極願以我的經驗，將用電腦寫作和手寫稿的作業作一比較，以供有志一同者之參考。

　　一、不用稿紙

　　◆因為沒有稿紙可用，傳統的文房四寶就英雄無用武之地了。作者，尤其同時在進行不止一篇文稿的作家，不必每天為翻閱或尋找稿「紙」浪費時間，甚至因而中斷思路。

　　◆因為不用稿紙，也不會有廢紙要滿地丟，可以大大改善寫作者的週遭環境。

　　◆因為沒有「片紙隻字」不愁散失，也不怕洩密。

　　◆既沒有草稿紙就不「謄稿」，也不必顧慮字體是否工整或潦草。

　　◆因為沒有「格子」要「爬」對於視力欠佳、寫字發抖的年長者就無礙於其寫作生涯了。

　　◆因為沒有稿紙，既不必卷宗夾，當然可免掉偌大

的檔案櫥櫃。

◆因為沒有紙可「寫」也就沒有什麼錯字要在紙上改。既用不到橡皮擦，也不需修正液或塗蓋液，當然也毋需剪貼所需的剪刀或漿糊或膠帶等美工工具。

二、調卷容易

寫作時，如需要調閱以往所寫的相關篇目作為參考，只要鍵入文件代號，數秒鐘內就可在螢幕上顯示出來。同時可調出來備作參考的卷數可以多達二十篇，如為編輯需要，在螢幕上可有四個不同的篇目同時顯示出來，俾使彼此對照、互換、甚至抄錄。（上）

【世界日報】
1993-11-05

# 電腦寫作的樂趣（下）

## 鐵　夫

　　三、編輯功能

　　以下所要介紹的也是一些「手寫稿」辦不到的優異功能。

　　◆在作文過程中，可以隨時將一個字或一句句子插入、消除、對調、調整或移位。

　　◆消除功能可作逐字消除、整行消除、某一行的後半部全部消除、數行或整段消除。如發現一時疏忽失手消除錯誤，可立即用某種功能鍵使之復原。

　　◆可以任意擴大或縮小行與行之間的間隔空間。

　　◆當寫作完成或寫到某一階段，發現某個字有誤，或因不恰當需要改正，只要將錯字和正確的字相繼輸入，一按鍵就可逐字或全篇一次更正完畢。

　　◆如在下文中需要引用到前文或某段，甚至其他篇中的一句或一段文字，可以輕而易舉的抄錄過來。如有增刪更改，可以在抄錄過來後再為之，這樣不致觸及原文。

　　◆在行雲流水般地暢快為文時，偶爾遇到需要推

敲、或一時苦思不得的字或辭，可以將它留白，繼續往下寫，不必因而打斷文思甚至因此中斷寫作。至於留白處可以打入某種記號，以便事後用電腦的找字功能將它從茫茫大海中找出而予以補正。

◆當文章完成而發覺某字或辭需要斟酌或增刪更改，而難以確定其在成千上萬的文字中的何段何行時則可用電腦的找字功能，很輕易地將之檢出予以增刪或更正。

◆在作文時，可能突生靈感，想到一些與正在寫的章節段落不相連而在以後會用得到的辭句段落、或重要資訊、數據，也可以立即寫在正在寫而尚未寫完的段下去寫。

◆當對一篇文章作了許多修正，但到相當程度後發覺並不妥當，而想恢復原文時只要不將修正後的文章存檔，在再開機時所顯示出來的則就是未修正前的原文。

以上這些在編輯方面的功能，不止能為寫作者帶來「痛快」尤其可貴的是，可以不要再像在手寫稿時為著將就既已繕妥之稿紙位置或版面，或為了怕導致需要全部或局部重行抄寫或清稿，刻意避免輕易增刪更改，而限制住隨心所欲的盡情發揮，乃至犧牲到文章的完美性。

四、印製與投稿

◆電腦的印刷硬件絕對要比手寫稿來得整齊清晰，一定比較受到審稿者、排版者的歡迎。如果接上激光印表機，其品質之高，堪稱精美。

◆電腦文稿可以隨著需要，作橫的印或直的印。

　　◆可以中英混印，如有需要，英文字母也可像中文一樣，作直的印。

　　◆一篇文章可以一次印完，也可分段或選行來印。

　　◆因可分段印，一張紙的兩面可作連續性的打印，這樣可減少紙張，以節省郵費。

　　◆由於電腦印表功能，可以印出不同字體或不同大小的中文字來，所以可以印出與文章內容字體不同的明顯標題。

　　◆投稿時可以按照報社或刊物規定，印成一般有格子的稿紙形式。（我本人的稿紙，除了印成 24X25=600 字的一般標準稿紙格式外，還可在格子外的左下角印上「鐵夫稿」，好不過癮！）

　　◆電腦投稿可印成傳統式的稿紙，再用郵寄或電傳予以傳送；也可用軟碟送往報社或雜誌社拷貝排版，更可利用電訊傳遞技術直接與遠方電腦聯繫。

　　不論以何種方式投稿，都可以用佔空間極小的電腦硬碟或軟碟予以留底，不必為留存稿紙而費神。

　　事實上電腦的這許多優異功能，不單只限用在中文的寫作上，對其它中文處理，如書信、公文、報告、論著……方面當也能發揮莫大的威力。

　　走筆至此，正苦思不出要用什麼話來結束本文時，恰巧收到我在台灣時的一位老長官，前電信總局局長、AT&T 退休董事長詩華先生從美西加州來函，其中對中文電腦以及我的輸入法之看法，頗具代表性。因為此信

是我在他府上向他及夫人當面作過報告並示範後經過三個星期熟慮才寫的（當時他並未表示意見），非但是肯定了我的努力，也無疑給了我莫大的鼓勵。現在將之節錄如下，作為本文結尾，並以示感激與敬意。

「俊良兄嫂您倆對電腦……之研究……已大功告成，只待事業發展（付諸實用也），至為欽佩。人生只要能做一件事（不計其利）即是不朽之盛事（對自己身心維持不老，也是其副作用之收穫）……將來兄之電腦大量生產上市後，我也要有一部，因為現在寫字越來越差（沒有人認得），而且許多字都忘了，常寫白字，有了這可以打信，可以查字、代字典用，何況四角號碼法（註）我們老人都一學就會……。

最後，套句新近在中文電視台的一則抽油煙機的廣告詞，說「好處這麼多，當然用電腦」。

（註）我的輸入法為「先形後聲法」代表字「形」的是四角號碼，代表字聲的則為以羅馬字作為音標的第一二個字母而已。（紐約）（下）

【世界日報】

1993-11-06

# 老爸學電腦

林　瀅

　　連我自己也不敢相信的是：我這個年已七十幾歲的「老爸」居然也學會了電腦。

　　我原是在紐約一家華文報館幹了十年的編輯工作而於兩月前退休的。我大女兒擔心我退休後生活寂寞無聊，特地買了一架電腦給我，說是供我消遣用的，因爲她在購買這架電腦的時候，已叫商人在電腦裡裝進了一些「遊戲」節目包括象棋、撲克與麻將等。

　　我是從不曾摸過電腦的。在報館工作的時候，編輯部周圍排滿了電腦，我並沒有正視它們一眼。現在在我書房裡面對著女兒給我這一架電腦，卻引起了我的興趣。我是不懂打撲克牌的，對於麻將也僅僅知道一些皮毛，象棋卻是我在年少時很著迷過一陣子。因此，打開電腦的頭一天，我跟電腦象棋一直弈到深夜。

　　然而，真正引起我興趣的，卻是這電腦除英文外也可以使用「中文系統」這一套。我女兒說她曾經在台北購到一套「倚天」中文磁碟不曾使用。現在趁著零售商

把電腦送到我家裡來的機會，我女兒把這一套磁碟拿出來，等售貨員對這架電腦的優點作了一番吹噓之後，便請他把「倚天」系統也輸進電腦。但是，這位不太懂中文電腦系統的售貨員輸進了沒幾張磁碟機器便停住，他說這些磁碟可能有毛病，一說完便匆匆走了。

「英文電腦也能操作中文嗎？」這便是引起我的好奇之點。於是我決定自己來動手，一方面也看看「倚天」磁碟是否真的有損壞的。與那「倚天中文磁碟」一起的有一本厚厚的由倚天公司出版的「使用手冊」。我於是先開始閱讀這手冊。可是，我讀了幾頁便被那滿紙的電腦名詞搞得一頭霧水。不過，我性格裡有一個「基因」，那便是「越是有問題我越要鑽進去探個究竟。」於是我先挑出厚達一英寸的這本「手冊」僅若干有關的部份，予以一讀再讀。接下去，我不管那售貨員所說的磁碟有毛病的說法，依照「手冊」所指示的步驟，我把那幾張磁碟重新輸進電腦裡去。在相當週折之下，這一套中文磁碟竟然被我「安裝」成功了！

喜出望外之餘，我著手開機操作。我原是懂得使用電動的新式英文打字機的，因而操作電腦的鍵盤，基本上是沒有問題。當電腦螢幕上終於出現了中文時，我真是高興極了！

然而，另一個難關來臨，當我依照倚天的注音輸人法打出一個中文短句而要換一行再打時，一按「換行鍵」，螢幕上出現了一句英文說是「指令錯誤」！真奇

怪，我只是像打字機一樣要換行續打中文，並沒有對電腦下什麼「指令」呀！何來的「指令錯誤」呢？經我反覆再鑽研那「手冊」而一試再試，結果都是一換行便出現英文；而且，當我要把已打出的幾行中文由打印機（printer）列印時，那打印機要不是印出一行行全黑色的「黑列」并無文字，便是什麼也不印而一直把白紙推送出來不肯停止。

我「陷入絕境」了！一連幾天幾夜的反覆嘗試都沒有結果，我頹喪到了極點！

去電腦訓練班學習吧！有人向我這麼建議著。我認為划不來，也沒有這種必要。這架電腦只是女兒讓我作「消遣」用的，我並非要學會電腦然後去求職當電腦操作員，繳一筆學費去訓練班受訓實在划不來，而且，七十幾歲的老頭子還去受什麼訓呢？

卻就在這「絕境」之中我幸遇了救星 —— 周俊良先生。我與周俊良先生原不相識，我妻與周太太是社區英文班的同學。有一天我妻對周太太談起我在搞電腦周太太便說在皇后區由資訊發展協會主辦的一次「中文電腦應用研討會」即將舉行，建議我去聽聽。果然，在這次研討會中有好幾位專家演講，而周俊良先生亦是受邀作專題演講者之一，講的是周先生所獨創而且已獲專利權的「周氏中文電腦輸入法」。我去聽講並向周先生私下提出我的問題請他指點迷津。周先生卻熱情萬分地一口答應並要到我家裡來替我解決這件事。周先生在郵局裡

擔任夜班工作很忙而且白天需要睡覺，卻於輪到夜間休班的時間攜了一架手提電腦偕同太太一起到我家裡來。這一夜，這位在台灣就已負有盛名的電訊工程專家一打開我的電腦，略一運作，便斷定我的「倚天中文」裡缺少了一件東西 —— 文書編輯系統。當他第二次仍是夜間再度光臨我的寒舍時，他把一套稱為「PE-2」的磁碟輸進了我的電腦。「這是我送給你一件禮物，」地豪情地說。同時，他更送給我另一件最貴重的東西 —— 他獲得專利的「周氏中文輸入法」；「周氏輸入法」軟體尚未在市面正式發售、人們想要這軟體還買不到。周先生謙虛地說他的發明「周氏輸入法」只是為了要推廣中文電腦而不是要藉這項專利權去發財圖利。

中文電腦的所謂「輸入法」，主要是要在原供英文處理的電腦中打出中文來；為了要達到這個目的，已有許多專家發展了各種的「輸入法」，例如利用國語注音符號來打出中文的「注音輸入法」、利用拆散字形而構成的「倉頡輸入法」及其改進後的所謂「簡易輸入法」等不勝枚舉，但是，各種輸入法都難免要使用者先去熟記一些繁雜的過程才能應用，而且「同號字」甚多挑選費時。「周氏輸入法」卻要簡便得多，它是利用國內提倡已久的王雲五先生所創的四角號碼檢字法來作為每個漢字的首四鍵再加上兩個注音符號，便能迅速在螢幕上打出所要的中文來。

自從周先生對我殷殷指導之後我勤加練習已能運用

中文順利地在螢幕上打出一篇文章來，並能進行修改與編輯而後存入電腦，於必要時再叫出來；此外我也能收集各種中英文資料存入電腦供我寫作之需要。至於由印機列印中文更已不成問題。

　　我女兒看到我這樣努力而且進步神速，不由得十分高興；使她更引以為榮的是她這個七十四歲老爸，由「與電腦弈棋消遣」在不服老的衝勁之下，已成為能操作電腦的「時代人」，不再是一個被時代所淘汰的「退休者」了！當然，我的電腦操作成功我的老妻更已發揮了無比的鼓勵與協助！（紐約）

【世界日報】

1993-02-23

# 人機對話

向榮（葉承烈先生遺作）

一九八七年遷美之初，曾欲學習中文電腦以打發時間，並透過電腦隨時和親友通信，但事與願違；近年來，每握筆往往手略顫抖，亟思借用電腦代筆；也為了充實晚年的生活情趣，在親友鼓勵之下，嘗試學習中文電腦；先接收女兒一套電腦，是老式二八六的，經兒子改裝之後，輸進「倚天」中文系統，開始教我初學入門，跟電腦打上了交道。但中文編碼之輸入大多係根據字形取碼，類似字形與容易混淆的字形，編碼差異甚大，必須熟記鍵盤位置、按鍵取碼，錯綜複雜，年齡大了記憶不易；想用注音法，而早年注音符號沒學好。雖仍然默默摸索進行，常常為了字形取碼與鍵盤定位難記，頻頻停機不進。

四年前拜讀林澄先生寫的一篇〈老爸學電腦〉大作，敘述學習中文電腦的樂趣，以及如何在最短時間內順利學會簡易實用中文電腦輸入法。這正是我夢寐以求的，巧合的是林先生文中的周老師，就是近在眼前同為紐約法拉盛第一浸信會的教友，大喜過望。於是立即拜在周

氏門下，授我「周氏中文電腦輸入法」，而以改良四角號碼阿拉伯數字作爲輸入符號。簡易口訣是：「1 橫 2 豎 3 點捺、4 叉 5 插 6 方塊、七 7 八 8 小是 9，點下有橫是 0 頭」。阿拉伯數字的 1、2、3 三個符號所代表的是單筆；4、5、6、7、8、9 所代表的都是二筆以上所合成之複筆；至於 0 是除代表獨立的點和獨立橫之上下結合外，尚可作爲補缺之用。

「周氏中文電腦輸入法」的基本理念是「先形後聲法」，代表字形的就是經周氏改良後的四角號碼四個阿拉伯數字；代表字聲的則是漢字發音的頭兩個英文字母，這本來是一種最易學、最有效的理想輸入法，但是因爲我對漢字發音不熟悉，所以周氏特爲我創新發明能在鍵盤的「數字鍵區」；就可以單手操作的「（一律）四鍵法」，只要依照正確中文的字形，按取角規則的順序，輸入正確的數字符號即可，簡單易學。最奇妙的是：如對某一個漢字之四角號碼中的某一角，或二角的數字符號沒有把握時，周氏也有補救之道，可代以「十」符號鍵來補足四個數碼，螢幕亦能顯示漢字以供選擇，更能增加初學者的學習興趣。

我摸索學習中文電腦，曠日廢時，經周師授我夢寐以求的易學實用之輸入法，得初窺門徑。惟我以古稀之年學習電腦，原本對電腦基礎知識就毫無概念，更不了解電腦的原理與奧秘；幸蒙周師督課甚嚴，隨時耳提面命外，經常深夜電話查勤或親臨面授各種操鍵訣竅和方

法。並教我建立個人專用一字組詞庫，將經常使用語句
預先編儲電腦備用，不論「字組」語句長短；只須輸入
四個數字符號，更爲快速省時，而兒子也時常幫我修改
電腦程式，裝配零機件，亦解決了不少難題。

　　在我學習中文電腦過程中，體會操作電腦應有條不
紊，完全是一個命令一個動作。平常寫字一筆帶過，電
腦不同，當我未將正確字形輸入，螢幕會顯示「無此詞」，
原來是我錯用了慣用的俗體字。有時調取電腦檔案，在
輸入命令時，錯用一個符號；或者漏掉一個標點，螢幕
下方立即會顯示「抱歉！檔案無法開啓」字樣拒絕執行。
跟電腦打交道，必須養成一絲不苟的作業精神，才能事
半功倍。

　　年前我將老式 286 電腦汰換爲 486 型，現在個人電
腦功能大增，對字型、字距與行距之運用，與編輯之變
化更加得心應手，莊子有言：「吾生也有涯；而知也無
涯」，人生是活到老、學到老，永不嫌老。

【世界日報】【家園版】
1998-07-12

# 老外說國語不是蓋的！

## 景　亮

　　當一個藍眼珠、黃頭髮，手臂膀毛茸茸的高鼻子洋人，正在用中國話和矮他一截的黑髮黃皮膚的中國人，談天說地時，非但老番們會投以敬羨目光，我也會放下腳步側耳「偷聽」幾聲。我要「聽」的不是他們講話的內容，郤是從老外口中吐出的「鄉音」。尤其當他那末字正腔圓，說得比我自己還地道時，除了有些不入調（好像在看以國語配音的洋電影）的感覺外，郤將我和這類老番間之距離拉近了一大段。

　　近年來，大概教者已對結構最簡單，組合邏輯化、形聲義具備、發音最單純的中國文字，摸索出了一套有效的教授法，使得中國話大有重振雄風，傳向世界的趨勢。茲舉幾個親自「聽」「見」「老外說國語」有趣的實例，以證明所言不虛。

　　（一）一九七一年，奉派來美進修。在亞特蘭大時，利用週末，由老友楊教授夫婦陪同 Shopping，預備挑選點禮物帶回台灣，以向妻小交差。該百貨公司之大，真

叫我這個首次來美的劉佬佬進了大觀園。然而店雖大，貨雖齊，客人倒不多，東方人的面孔也只見我等三人。信步走到女裝部，看見一件風衣，無論是尺碼、款式、顏色、材料都是妻所愛，就是嫌得價錢太貴些。我等三人站在成群衣架行列中間，毫無顧忌地用國語討論了半天，始終沒有說出個所以然來，最後我正預備放棄，而自言自語道：「這件風衣倒是很合適，就是太貴了些」，此話剛講完，緊接著聽見一聲，「料子不錯的！」，這一句比我們三個南方人都說得標準的「國語」，使我們不約而同地用訝異的眼光看著彼此。一刹那間，又同時將目光移向從衣架後面伸出的一男一女兩個「外國頭」看去，而都在猜疑那句「料子不錯的」標準國語，難道是出於那兩個洋人之口嗎！然而從他們點頭微笑的表情看來，答案是肯定的。從接著的交談中，得知他們為一對英美異國夫婦。都曾在台中東海大學教過書，男的是美國人，還是女的美國人，已不復記憶；有趣的是，那美國人是教英國文學的，而那英國人教的卻是美國文學。因為在談話中，他們夫婦始終說的是一口「京片子」，所以至今雖已年隔整整二十載，對此情此景，仍然記憶猶新。

（二）早年在台灣電視上常有洋留學生用華語獻寶的節目；雖非個個標準，但以尚在學習階段，卻已比我這南方人說得還道地的洋人來說，是值得「人人有獎」的。當時好像有位自稱姓何的道地美國東部人，表現得

很出色。

五年前，到奧克拉荷馬大學去受訓，友人借一本名為「洋洋大觀」的中文書給我殺時間；一看作者，可能就是那位自己調侃為老外的「何瑞元」。那是一本他在各有名的報章雜誌上，所發表之「中文」文章的集子。裡面盡是些他用「妙筆」寫出來的幽默、生動、且膾炙人口的好文章。若不是他在文中屢屢「自招」，誰知道他竟是一位到了台灣才學中文的「洋作家」。

（三）在本社區有線電視 63 頻道中，有個「美語教學」的節目，那位年輕洋妞老師，有時圍著領巾，有時打著領帶，正襟危坐，一本正經，圓瞪著眼教著英文，看上去似乎有點 FUNNY；可是當你仔細聽她用努力調整嘴形說出的「國語」來解釋「生活美語」時，你會覺得她說得那末貼切清晰，他那口在台灣學的「標準國語」，肯定要比鵝媽媽趙麗蓮博士還勝上一籌。

（四）數年前一天偕同老伴到金洋銀行（現在的匯豐）辦事，事畢一出門，見到一位新城高中的洋同事，彼此停住腳打個招呼；當我向老伴介紹這位同事時，一時說不上他的英文名字來了；他見我尷尬，立即欠身鞠躬，自我介紹說：「敝姓吳，口天吳，……」，老伴一時楞住，懷疑她自己耳朵出了毛病，還是眼睛近視加深了；因為她看到的明明是個洋人，聽到的郤是流行於台灣的「國語」。

這位吳先生留學台灣學中文，才不過三四載，他就

能說、能讀，也能寫。他在我們雙語中心做中翻英的工作，自然做得很出色。有時因人手不足而請他英翻中時，他翻出來的中文，也能與中國同仁媲美。好在他只是兼差，否則還真怕將我這專事翻譯（英翻中）數理教科書的工作搶去了呢。

　　（五）最後一個例子，也是在 OU 受訓時發生的。週末應邀參加一個在鄉村俱樂部舉行的野餐聯誼活動。參加的不乏「哇醒狼」（啤酒王為「外省人」所取之名），（包括即使在台灣出生，而父母來自台灣以外的中國人。）也有幾位洋人。主其事者與穿梭於各分組活動之間的負責人，一律是以「台語」發音。晚間主持餘興遊藝節目的會長暨其夫人，更是「一語」到底；對我們這老「阿酸」（也係啤酒王所賜）倒不打緊，但對那些興緻沖沖來參加遊藝節目，郤一句「台語」都聽不懂的「哇醒」小「狼」而言，未免大殺風景，太傷感情了。我這個遠從紐約去的不速之客，坐在一旁冷眼看著，實在納悶，正想找個「衝動」機會，上台去管個「閒」事時，郤發生了如下的一個精彩片段：

　　會長致詞，並由其夫人頒獎過後，隨即向與會者介紹一對來捧場的洋貴賓夫婦。會長用「台語」說，這兩位洋貴客原是南京某大學的教授，他們不會說「台灣話」，但能說得很好的「中國話」……，現在請他們說幾句話云云。接著那位謙遜的男教授，彬彬有禮地向台下打過招呼後，一開口就用我也聽得懂的「中國話」說：

　　「很抱歉，我不會說「福建話」，只能說一點點的「國語」……」話尚未說完就博得一陣掌聲，並引起哄堂大笑。我跟著拍手，會長夫婦也不斷拍手「稱讚」，但是否因洋教授將他的「台灣話」改為「福建話」、「中國話」改為「國語」而拍的手，則不得而知，不過，我倒有點為他臉紅，羞！羞！羞！未見笑。

【美東時報】

1992-06-16

# 第三篇　文林散記

# 文章與老婆

## 鐵　夫

在老伴特別乘公車到郵局，將我投向世副的四月話題─寫作，「老年學寫」稿寄出後，想到文中曾提及台灣那位無師自通的畫家，洪通，不覺暗自好笑。

非但我無師自（以為）通地塗鴉像他，就連老伴那股子「幫夫」勁兒，也可和他的查某（閩南語妻子之意）媲美。雖然我老伴不像他查某，要到寺廟裡去賣香燭、紙錢，賺些蠅頭小利，來為洪通添加些顏料紙筆；但我一年四季的文房四寶，加上以前購自台灣的稿紙，近來的中文電腦設備和整箱的用紙，以及不惜工本的複印與郵費等，都得從她的買菜錢裡扣剋出來。

尤其自從「學寫」以後，像洪通一樣，對「家事」變成一個有愧丈夫職守的好吃懶做之徒；對老伴所造成之利益損傷，和洪通查某只有付出而毫無回收的情形，如同一轍。所不同的是，他的查某是個目不識丁的村婦，對洪通的畫畫，她並不懂得這是糟塌材料，還是從事什麼藝術，只是一味地守著她的本份而毫無怨尤；就連洪

通未討成細姨（閩南語小老婆之意）而抱憾終生，說是出於她的吝嗇，她也不諉過。

至於我的老伴，雖然不敢說是才高八斗，至少在大學工學院同學時，她就已看過等身之高的文藝作品、世界名著，其文學修養向來就高過於來自文化沙漠的我；現在竟對一個與洪通同級的塗鴉者盡「愚忠」，實在難以理解；莫非她在「愚民」，讓我晚年沉醉在自得其樂之中，再無「二」用之心。

不過，不管我是否以小人之心去度老妻之「計謀」，對於她因對我盡愚忠所受的委屈，倒可在此記上一筆，作為「雙地龍」結褵四十二週年的紀念。

開始為自娛學寫之初，因怕在老伴面前班門弄斧，弄得丟人現眼而無以自處，所以一直在利用上班候工的空檔偷著寫，可是一久，我卻變成無「閒」之輩。家裡的柴、米、油、鹽、醬、醋、茶，不再由我開車陪同去買，卻任由個子矮小的老妻，大袋小包乘坐公車，或徒步往家搬；漸漸因不顧家事，而落得沒有幫妻運的昭彰惡名。稍後，我硬著頭皮，拿著試投國內的「海外來鴻」手稿，請她清稿，一方面固然想請她斧正潤飾，最主要的還是想藉機讓她就此「知道了」我之無「暇」原因。結果，還真消除了因我怕（羞）在心頭口難開所造成的誤會。

自此，我的好吃懶做變成名正言順，她的任勞任怨也成為理所當然；尤其當在報章雜誌見到她所認得的我

名時，更是心甘情願地當起「核稿」兼「膽稿」員了。

　　有時，午夜放工回家，還要她來聽我用上海國語，結結巴巴念完在候工時，伏在工具箱蓋上所寫的草稿，她雖然因守候並準備我的餐點而疲憊不堪，仍得睜開眼皮，振作精神來當忠實聽眾，因為她怕掃我的興。她曾背著我，明知故犯地大膽託人去試向某報老闆「請獎」，為的不是物質，而是精神上之被肯定，結果卻受到了像「在水一方」電視劇中的賣文人所受之屈辱。

　　每篇稿子在投出前要印（留底用），刊出後更要印（以饗外地親朋），因此我時常要光顧街上一家韓裔複印店；為避免給警察伺機偷襲開罰單，她就得放下家事，充當「押車夫人」。她常見我的喜樂哀怒，總隨著文章是否在報上出現而起伏，極不願看到我因失望而拉長嘴臉對她，所以每當稿件投出後，她的期待與焦慮比起我自己，有過之而無不及；因而對有關報刊之瘋狂搜索，就變成她的必修課。如果我的名字赫然出現在當天所搜到的報上，則深夜回家這頓餐點，一定會吃得特別甘美。

　　有些週報只送不賣，起初因鄰近無處可「拿」，只有城裡的報攤，或餐飲店有，於是每週六之因拿報而去飲茶，還多了一份固定開銷。繼而有份雙日刊問世，她的「拿」報行動，更成了隔日打擺子。有時因時不與她，東被拿光，西又不見，雖四處奔波，費盡腳力，甚至動員兒女到處尋覓而仍舊無著。如果那天失誤，深夜回家會只見她一臉歉意。她往往為了要補救缺失，就向也經

常「拿」報的親朋求援；於是「她居然還有一位寫文章的的老公」的奇聞，就此在熟人中不脛而走。

有次，明知拙文的下篇會在當天刊登，但因出報時間突然有變，以致一個閃失，經過三天的搜索都無著落；最後找到報館，也只有絕無僅有的一份留底。她急中生智，商得報館惠允，將拙作部份複印一份，以作我存底之用。在興奮之餘，存著滿懷感激，戰戰兢兢依約前去領得那額外收穫。可是，當晚回家，飯桌上不像平常一樣，菜是菜來，飯是飯，在我座前堆著的卻是污漆抹黑的幾張複印紙。只見她失魂落魄，坐在一邊發呆，原來為補救此一缺失，已感到心力交瘁、疲乏不堪。她聲言不要再為我這個「同洪通」的臭老九跑腿當副官了，使我惶惶不知所措。我並不在乎她一頓數落，為順她的意、消她的氣，也跟著大聲怒吼，要為她討回公道，並宣稱要就此罷寫。她起初對我的見義勇為、仗義執言連連稱快，可是當我真氣得有「倦寫」之意時，反倒使她大為愕然，於是連忙冷卻下來，勸我「息怒」。既然意已順，氣已消，於是攜手合作，將那幾張複印紙剪裁拼湊，貼成一張「原本」，如獲至寶地珍藏到集冊裡，才安心睡覺。

老伴為了要使我不斷塗鴉鴉而如此委曲求全，忍辱負重，可能真的怕我會心有「二」用，或者怕我恢復寫前的大男人主義。但她卻不知已將我寵得得意忘形。一天，在飯桌上放著一篇與我類似的文章，經再三閱讀比較，我居然情不自禁地冒出一句：「嗨！文章還是自己

的好」，忽聽廚房內一聲乾咳，連忙自己又接上一句：
「不過，在我嘛，老婆也是自己的好」。接著一隻長有
老繭，且粗糙的手搭在我的手背上；那是同一隻手，此
時覺得比它在四十年前細柔白嫩的時候要溫暖得多。

　　我們的手「牽」了四十又二年，還要繼續去「牽手」
（閩南語妻子之意），一直牽到全美國買不到祝賀我們
ANNIVERSARY 的卡片為止。我們也要坐在滿堂子孫的
中央照相，年年照，照得世上最大的廣角鏡頭，都無法
容納得下子孫滿堂的「全家福」。

【美東時報】

1989-04-02

# 上當入門記（上）

不聽老人言吃苦在眼前
賠了夫人又折兵　　　　　　　　　　　　金亮

　　記得在本集的卷頭語裡曾提起，我寫過一篇「不聽
老人言，吃苦在眼前」一有關受騙上當的小故事。那是
敘述我初到這塊堪稱世界之最的十里洋場時，吃虧上當
賠上棺材本的痛苦經驗，後來因為遷居關係而遍找無著
了。現在，我之所以要將它重新寫出來，一方面固然為
了增加「西洋鏡集」的篇幅，其實真正目的是想將這段
「阿木林自白」公諸於世，讓有過類似遭遇的同志有個
相互憐惜的一嘆，同時要讓那些後來的新移民同胞（尤
其來自台灣的）再有聽一下「老人言」的機會，而不致
重蹈我的覆轍。

　　本文所涉及的人物，包括我自己在內都不用真實姓
名，以免當事人太傷感情；因為我還希望他有一天突然
大發慈悲，用花旗票子將放在我這裡的好幾張空頭支票
換回去，以積他的陰德;因為他信鬼神，怕鬼神，當然也
相信有報應，所以我斷定他早已有懺悔之意，而再不敢

向他自己良心永遠挑戰下去的。尤其他極愛他的女兒，總不會讓他女兒在剛到入學年齡，就因爲我們的窮追不捨，而對他老子留下一個不仁不義的印象。

話說從頭，約在七年前，我是舉家移民新大陸最後報到歸隊的一員。舉家移民不像做一次郊遊那麼簡單，所涉及的問題太多，凡是過來人我想都有一本三天三夜念不完的經，我當然也不例外，我在國內做過二十五年以上的技術「官」，也在大專院校賺取過鐘點費，並爲公家經營過電子「事業」，如果硬要分類的話，我應該是歸屬於士大夫階級的；像這樣一個高不成低不就，並且也沒有喝過洋水的臭老九，在這種人生地不熟的番邦，「肯定」會迷失方向的。所以像大多數移民一樣，在踏上征途之前，當然要頻頻向各方求教妙方對策，甚至出資搜集求生秘笈（學過鑽石鑑定，當過洗彩色相片的學徒，但都只學得一個半吊子）。承蒙武林高手，移民前輩們的不吝指教，使我在離鄉背井之前，至少精神得以先行武裝起來。將各家高見綜合起來，其中有兩點，我認爲是共同的忠告：一，我必須捨得脫去長袍，在不得已的時候，要有鑽進廚房去洗碗跑堂的勇氣與能耐。二，千萬不要輕言與人合作投資，更不能輕易將棺材本（我倆都係提前退休，所得退休金原來就少得可憐，花去全家盤纏後，所剩就無幾了）掏出來下注。尤其在紐約，對任何人都要保持高度警覺性。初到時，我的確將這兩點「老人言」牢記在，並當作座右銘爲我穩穩地把

握住航行的方向。

在這個「新家」閒住了三個月後，似乎開始心浮氣躁，有點不耐煩起來，於是漸漸放出觸角，像剛學會走路的幼童一樣，歪歪倒倒地試著向外踏出去。似乎我的運氣不錯，縱然我脫下了長衫，放低了姿態，「搵」著的第一個工作居然還是「文員」，而並沒直接衝進廚房去。那是一家郵購珠寶公司的 CLERK 工作，待遇很低，但工作輕鬆，倒蠻適合我們這種退休了的新移民去做。

這樣的「工」才「打」了三個月，在一偶然的機會裡，找到一份書卷氣更濃的工作，那是皇后區某高中裡一頗負盛名的雙語教育中心的一個助教職位（實際上有一點像國內高中裡的幹事）。第一天上班，一進辦公室，當我穿過擠得像沙丁魚的各座位間去找我那毫無迴轉餘地的位子時，曾坐過大總經理寶座，擔任過大學教席的「老我」突然在腦際浮現，使得當時的「我」一陣心酸，要不是那「老人言」及時出現，我那心酸淚可能就會奪眶而出了。

稍後，發現那位女博士老闆，才華出眾，非但處理公務精明能幹，待人接物也令人折服，我這個幹事似乎也受到了她敬「老」美德的禮遇。同時，同事間，無論是教書的，還是辦事的，除了我是個十足的土學士外，個個都是喝過洋水的飽學之士（別小看這個嘈雜擁擠的小天地裡面，還是真的藏有龍臥有虎呢！）。然而，大概是蒙「敬老尊賢」的中國古訓之賜，我很快就被一群

博士碩士同事所接受，而令我個人的價值觀也抬了一些頭，不再覺得十分委屈了。其中有位出身此間某名校的教育碩士，他的年齡與我相若，也來自台灣，而且還是江蘇同鄉，他對我尤表友善，我對於他高等教育背景，和清高的工作崗位，加上道貌岸然尚且和善的外表，自然地增加了彼此的親和力，甚至對他產生相當程度的信賴（因為他是早年留學生，且定居美國多年，所以我常採納他的意見）。不久，我們兩人彼此就成了擺龍門陣、談山海經的對象。常常毫無顧忌地談談彼此的「想當年」。他知道我過去從事的是電子技術，而現在頗有虎落平陽被人欺之感，他也察覺到我非常緬懷過去的「光榮事蹟」而苦無機會東山再起，他也看得出來我極講義氣、重朋友；他更瞭解到我雖然對奉承吹拍極為厭惡，但一旦自己戴上高帽子也會陶陶然。

　　又是三個月過去，有一天，他特別選了一段清靜的時間，辦公室裡只有我們兩個人在的時候，和我促膝懇談，他說（以下的話語雖然並不與苗先生的語氣完全吻合，但我要用引號「」以第一人稱的方式，似乎比另外的方式要好些）：「有位姓譚的多年好友，在長島市經營一個小型精密電子工廠，近年來從他購買新汽車，夫婦倆常赴約交際應酬，頻頻參加不算小的雀戰場面來看，似乎經營得十分成功，目前為擴充業務正積極物色合夥投資人。所需資金並不多，只需三五萬就可買下相當比例的股權，其主要目的不在錢，而是在物色一位富

有學識經驗，且在國內有相當關係的合作經營者。不瞞你老兄說，三個月來我對你一直在特意觀察。你老兄在外表上除了有一副大老闆的相貌外，非但才華出眾、經驗豐富，為人也忠懇熱誠。同時又看在你我同鄉份上，才特地願意為你推薦。以前，他幾次三番勸我參加經營，我本人倒也有此念，但與我太太再三討論，認為我倆對於做生意純屬門外漢，尤其對於電子技術更是一竅不通，明知這是朋友所給與的好處，但卻無法消受。今天發現你老兄經驗豐富，就請老兄做一個先遣部隊；老兄如果認為可行，我們也許會考慮跟進⋯⋯」，當他講到才一半，我的心已經激盪不已，我想他從我動容的表情中也已經洞悉我的心底，他趁勢又送上一頂高帽子，頓時使我更為飄飄然。當時我簡直不敢相信自己的耳朵，世界上真會有能百分之百合乎自己「理想」的（我想也是許多像我這樣新移民所夢寐以求的）美事！但是明明如此合情合理，尤其又是出於我所信賴的正人君子之口，任誰也不會有絲毫疑心的。當天回去和老伴一談，她對我又有一展「才華」的機會雀躍不已，對苗先生之知遇之恩，也十分感激，第二天就依約且由老伴陪同下去探看那似錦的前途了。

　　這齣「上當記」要不要繼續往下演，固然操之在我，但其序幕卻是百分之百由於苗先生的那番「懇談」「主催」拉開的。我棺材板被拿走是由於「忘」卻「老人言」，但這一「健忘症」的迷幻藥卻是苗先生親手下的。上萬

塊錢拿不回來，我不會、也沒有想到要苗先生負連保責任，但在道義上苗先生總該有點是非之感。至少由於誘導我上頭陣受了挫，因而防止了他自己的重蹈覆轍，在良心上也該有點自責。那知正在緊要關頭，他受了那譚姓騙徒聲言不再做他們的麻將朋友之淫威誘逼，居然向我聲明說譚某不要他過問此事，以致寧可捨我這同是從事教育工作的同鄉同事，而屈服於酒肉朋友之淫威。最近，苗太太大概良心不安，而自己找出一個減輕良心責備的藉口，說苗先生將我介紹給譚姓朋友是出於「我」的「求」，我的損失，咎由自取，與他無關云云，差一點沒有說還要我感謝他先生的知遇之恩。一想起這對畢業於國內師範大學，且在美國深造取得學位後，分別從事教育和醫務（救人）工作的夫婦，對於他們的道德、正義、勇氣、是非感都要打上一個問號。如果真如朋友戲言說，也許他們是與譚姓朋友聯手的，那就太可怕了，希望只是戲言。不過，「老人言」：「在紐約，對任何人都要保持高度警覺性」，沒有錯！

【美東時報】

1988-09-26

# 上當入門記（下）

**不聽老人言吃苦在眼前**
**賠了夫人又折兵** 　　　　　　　　　金亮

　　由於苗先生的高等教育背景，清高的工作崗位，道貌岸然尚且和善的外表，加上又是同鄉關係，增加了我對他的親和力和信賴度，使我忘卻原來在心中的「老人言」，且懾服於他的誘惑，而自動跨入受騙上當的第一步─上鉤被擄。不過，說實在的，苗先生最多只能負些道義上的責任，充其量只能說他心狠，將條「傻魚」引入池塘，為他做了投出去問路的石頭；錢倒底還在我自己手上。至於錢是如何從我荷包轉移到譚某名下的。且看下面更精彩的演出：

　　在與苗先生懇談之次日，我老倆口子依約前去「瞭解情況」。乘地鐵加上步行摸索了半天，找到了在長島市的目的地。從外表看是一間並不起眼的家庭式小工廠，但因正合我的小胃口，第一眼的印象，就覺得不錯。工廠在三樓，上樓進得門去，只見左側門首上方有一神龕，供奉著武聖關公，並正是香煙繚繞，好像剛才上過

香的樣子。進門不一會兒，從內側辦公室走出一位大肚肥胖的年輕人，經他自我介紹，他就是那譚姓廠東，後面跟出一位年紀比他稍長，一臉忠厚老實，卻不失為一位幹勁十足的北國壯漢。經譚介紹，得知他姓虞，譚之稱他為二哥，是因為在關公前結拜過的關係，大哥的名位不敢擅用（他們稱關公為老大）故只好屈居為二哥。譚說虞自己經營「交通事業」，因為廠裡業務忙、生產多，所以有暇時就前來義務幫亡，現在也正打算投資參與發展這個工廠。其家姐是華府某華裔名女人的祕書，對於美國政經界都很熟悉云云。此情此景 —— 1.拜關公、結金蘭。2.拜把兄弟如此忠厚老實、講義氣（我雖篤信基督，但對拜關公為聖者，總認為其內心至少會以義為重，而絕不會是背信忘義之人，尤其此「二哥」之外表更使人失去往壞裡想的意念），具有如此優越的背景關係，使我座右銘的第二條戒律就在不知不覺中自動撤防，甚至拋到九天雲霄外去了。

再從進門走到辦公室時，又見到十幾二十個技術工人正在靜悄悄地埋頭工作。製品似很精密，成品待送的也有相當數量，還有自動焊錫機正在煙霧騰騰地運轉著……這裡正是在我能力範圍之內能實現理想，發展抱負的樂園。還沒有開始正式交談，在內心深處就將自己的地位從「合作投資者」變為「投靠者」，將當時自己的任務從考察而變為附庸使者，從老伴的臉上似乎也有不謀而合的表情。長久以來的精神武裝完全被解除，致

使第一次的「見面」就順利地達成許多協議。當時，爲了取信於我，且爲保護我的權益，我們所有談話譚都自動錄音下來。如此這般……，實在叫我感動得五體投地，且深具信心。

從此我就在完全的信賴下，不設防地開始與他「合作」，將自己的第一塊棺材板往他家裡搬。譚某爲了要繼續取得我所餘的棺材本，他尙巧妙地向我允諾了許多優惠條件。他爲表示敬老尊賢，一定要我爲公司命名，並強力要求將我中文名字嵌入譯名中而使我自鳴得意。他「恭請」我擔任總經理，他卻屈居執行秘書，使我心甘情願地讓他共同簽署領取銀行戶頭裡百分九十九屬於我的錢。他爲表明心蹟而「力勸」我聘請「自己」律師，以維護權益，使得我反而灑脫地，以他的律師爲咱們共同律帥（其實他明知道我人生地不熟，不會去請所謂的「自己」律師）。他以久居華僑的恣態成爲我這新移民的家庭顧問，而使我老伴也對他、甚至他的家人出手大方且毫無難色，他能說出充份的理由，使我認爲理所當然地將錢往合作公司的戶頭裡轉。當我對其律師所擬合作契約發生疑問時，他會表示和我一樣不滿意，且毫無猶豫地當場撕毀，而使我可以在沒有契約的憑藉下「愉快」地與他「合作」下去。如比一直到我將上下左右的四塊大棺材板送進他家，而只剩下頭腳兩塊時，公司的組織仍未具體完成。他在我既已深陷泥沼而尙未覺醒時，不斷要我影響苗、虞二位也來步我後塵。苗先生因

不見我的點頭而繼續袖手旁觀；虞先生方面（其實早就將數萬元的計程車貸款落入他的私囊）也因見我處於膠著狀態而不敢繼續將銀子往水裡飄。

譚某非但在紐約拿我做掍子，到處招搖徵求合作「投資者」，還利用我在台灣的廣闊關係，延攬到一位急於來美的財神爺。所幸我那位朋友經驗豐富，精明能幹，雖然憑我一通電話專程來到了美國（住在我家），但與譚某見面二次後，就對我之「不聽老人言」大表不以為然。他雖然沒有大力勸阻我，但他自己卻沒有跟進當上冤大頭。否則我也會變為苗先生第二了。

自此之後譚某似乎發覺我在開始有所戒心，而不會再繼續輸血，他設法將我存在共有戶頭的款項移轉到他獨有戶頭後，就開始對我排斥疏遠。不惜遷居改電話而躲避我與他「二哥」的「討債」。他原來的工廠也開始窘態畢露，就連工人的工資也遭連連退票。至此我才漸漸發現，譚某早就移東補西、挖肉補瘡；過著寅吃卯糧的日子。他拿虞先生的錢還了不得不還的前債，自己過了一陣闊綽（豪賭）舒服日子。繼之，正在向苗先生下毒手未得逞之際，又在苗先生不明就裡之幫忙下，輕易地騙得了我的棺材本。也許看官們認為我早該懸崖勒馬，緊急剎車，可是這位譚某手法高明，在我未掏出錢之前，他將故事編織得天衣無縫，既看不出破綻，更看不到懸崖，就連那些配角（包括那些招來充場面的工人）與神祇都是被利用的受害者，有的甚至比我所受的害還

要深。

　　這齣戲幸虧由於我的未繼續輸血，促使他提早垮台而收場，否則可能會延禍更多從台灣來的尋夢者。因為那時他已著手計劃利用虞先生大姐的聲望，組織一個貸款公司，專門以台灣資金為騙取對象。如果再能假以時日即可能有所成就，到時我也會給他牽著鼻子一起幫兇，因為唯有合夥設局才能撈回我自已的那一份啊！

　　朋友們，尤其來自台灣的同胞們，以上是則真人真事的故事，而本人又是年屆花甲的故事主人翁，足以有資格提醒各位帶棺材本來求生存者，千萬要小心！尤其在紐約有無數的賊眼死盯著你的荷包，在打開你的荷包之前，務必背誦一下「老人言」，否則吃苦就在眼前！

【美東時報】

1988-10-09

# 老年學寫

### 鐵　夫

　　「八十歲學吹鼓手」寓意著老人學新玩藝兒嫌得太晚的意思。本來嘛，人生七十就古來稀了，八十歲才來敲鑼打鼓、學看五線譜，非但因藝術細胞可能已消失殆盡，而不易再有所成就，即使慧根未盡的天才老爹，也許還能學得有板有眼，但畢竟夕陽無限好，只惜近黃昏了。所以人一到晚年，就感到那無望的「時光」，對他只是無情的摧殘！

　　國之大老，張群先生倡導「人生七十才開始」口號以來，有些人曾因以此將自己視為仍屬國家瑰寶，到頭來弄得淪為老賊而無以自處的地步；但是多年來，他也給無數暮年老者帶來自我慰藉，因而對將至之死減少了畏懼，甚且生趣盎然地為自己的「餘生」作多采多姿的安排，而過著樂趣無窮的「老」生活。很明顯，張岳老這套屬養生之道的哲理，給老年人在生存意志方面帶來了莫大的鼓勵。

　　今年靈鼠當道，鐵夫屬蛇，算來在這世上已經打轉

了一個甲子又七個年頭。十七年前因鑒於自己前途已無「亮」，知天命的日子一到，就解甲遠逸。當時因仍處「青」「黃」轉換期，也屬尷尬年紀，覺得如果就此歸隱，與世隔絕，恐怕奉主恩召之前，會過得更空虛，甚至更恐懼。所以在從台灣退休來美之初，曾有兩個願望：一是皈依天主，一是「寫作」自娛。第一個，可以視死如歸（得永生歸天家），不必對死亡再有所懼怕；第二個，則可以填充我離開塵世前之空虛。

　　皈依天主，不管你是貧賤富貴，學識高低，既沒有年齡限制，更沒有性別歧視，只要你信靠主耶穌為個人的救主，受洗認同，就可成為一個基督徒。可是「寫作」就不那麼簡單，原來似乎有千言萬語可寫，但當攤開紙、拿起筆，卻絞盡腦汁都擠不出一個字來，這時才頓悟出「書到用時方恨少」的道理來。

　　我將所以之不會「寫」的原因，歸咎於從未「學」過的關係，遂興起「上學」充電的念頭；但一想到這幾塊活性材料已經剝落殆盡的老極板（電池裡用以儲電的極板），恐怕再充也無用。然而，又不願就此讓整天「哀聲嘆氣想當年」或「方城會友」來填充來日的空虛，於是就決定來自「學」。

　　我沒有登上「作家」名錄的野心，更沒有榮獲「文藝」創作獎的奢望，只是想能「學」得，將過去、現在的見聞，用我原來所認得的幾個大字，串結成我的話語；和當年台灣的洪通將他眼中所見的世界，用各種色彩表

達出來一樣。洪通他並沒想當藝術大師，也沒想在國家畫廊佔一席之地。雖然他晚年窮極潦倒，貧病交加，他卻仍用五顏六色的彩色筆，自得其樂地畫完他始終「無能討成細姨」的一生。

我的「自學」從「想當年」開始，繼而向親朋故知寄達「海外來鴻」，漸漸就自由自在、海闊天空地，將喜樂哀怒，盡情發洩在獨覽自娛的「大作」裡，心裡有如自由翱翔的舒暢。當在報章或刊物上發現自己名字，而向「老婆」炫耀時，像極了當年兒子從學校拿回獎狀告訴他媽媽的神情；不過換得的不是媽媽的讚美，卻是「文章是自己的好」的「下一句」── 「老婆是別人的好」之莫須有疑慮。

自從十來年前，在報上見到自己名字後，對「寫作」產生了更大的興趣。尤其將自創的「中文電腦輸入法」弄進個人電腦後，我這個已視「寫」字為畏途的老人，不再受爬格子、謄稿、抄稿之苦，且能隨心所欲地任意編輯、存檔。從此電腦變成我的「人機對話老來伴」。數年來，無論是學術論文、或散文、或報導，數一數，我已在裡面「寫」了將近百把萬個中國字。

「老」朋友們，不要怕那「莫須有」的罪名，請你將說不完的「想當年」，和數不盡的人生經歷寫出來，也許能得到「老」朋友們的共鳴，和下一代的感激。

【美東時報】

# 難忘刻書生涯

## 鐵　夫

　　「刻鋼板」，現代的年輕人可能都沒有聽過這個名詞，即使將它的真正意義解釋給他聽，以一個在資訊發達的時代成長的新新人類，說不定還會抱著將信將疑的態度說：「簡直不可思議。」

　　刻鋼板，就是將一張浸了蠟的紙，放在一塊上有交叉細紋的鋼板上，用一枝尖頭細鐵筆，將上面的薄蠟刻掉，而成為所需要的圖案或文字，然後繃在框架上用沾有油墨的滾筒在上面轉動，放在下面的白紙上就會顯出所刻的圖案或文字。我們在大學裡念的書大多數就是這樣「刻」成的，我也做過這樣的「刻書人」。

　　在五十年前，光復不久的台灣，一個上大學的學生，能擁有幾本專門科目的「書」，是一件奢華的事。尤其在南台灣，本來就看不到幾爿書店，而在其中，我們想要的「課本」卻少之又少；中文版本，無論是翻譯的或是原著的，更是鳳毛麟角。

　　起初，我們從上海來的，一些基本科目諸如物理、

化學、數學等書本，可由家人買了寄來；然而不久大陸變色，一些高年級的用書，則多由教授將手編教材，交由像我們沒有了經濟來源的工讀生，以新台幣一元代價，刻鋼板再油印成的講義。因為這些講義是邊教邊寫的，在科目教完之前，無以裝釘成冊，所以平時帶上教室的只是講義夾，而不是成冊的「書」。偶而有之，只是從圖書館「搶」借到的參考書，或是從前期畢業學長手中接收而來的古本。後來到了高年級，雖然坊間有了些翻印書，我們卻窮得不敢問津。

四年大學下來，我們所念的，大半是由教授手編，而由我們這些無家可歸，卻要掙副食費的窮學生所「刻」出來的「書」。

我們為教授「刻」書，由教務處按張計酬，三年來一直是新台幣一元一張。為了想在每月的副食費（伙食費係由政府發放的救濟金，但只夠買米）外，還能每個月看場半價（學生票）的電影，故凡「刻書」同志，無不挑燈夜戰，將自修時間多半投入了「刻書」工作。

教授們體恤我們的辛勞，往往將附圖畫得特大，以節省我們的刻工。有時還以便利他「自己」閱讀為由，特別囑咐我們要將字寫得大些；即使有錯漏或模糊，他也視若無睹而從不責備，卻留待在教室裡上課時予以補救，其目的當然是怕傷害到我們的「生計」「利益」。

「刻鋼板」雖然不能自成一「行」，但在同行中因道行不同，而修成的正果也不同。本來，它的基本要求

是，要將在薄薄的蠟紙上所刻的圖案很清楚地印在白紙上；但要做到這一點，如果沒有一點修練，這一塊錢是賺不到手的。因蠟紙薄得透明，將它放鋼板上，用一枝尖細的鐵筆在上面「刻」；用力太小了，油墨透不過，用力過猛了，紙就會破。在一張蠟紙上刻出來的幾百個中國方塊字，印出來要個個清晰可讀，「刻」的時候就得筆筆小心；心浮氣燥的朋友，往往到最後會刻破紙而前功盡棄。若要刻得快而字跡秀麗，除了「技術」、平時的書法修養外，還得看個人的人品涵養。

三年多的鐵筆功，倒練得我一手呆板而無藝術氣息的所謂「工程體」；至今我寫起英文字來，還是絕對不會被認錯的「印刷」體。也因為我們終年辛勤「刻」苦，養成往後雖得意也決不忘形的習性。

我是電機系的學生，卻對機械系教授的感情比較深，因為他們憐恤我們這些有家歸不得的流浪兒，總是揀些「好差使」給我們幹，至今我還常感念這些仁慈的老教授。

我現在雖然在用我自己所創始的中文電腦輸入法「寫」此文，但每當伸出手指按鍵時，仍殘留在我右手中指上的老繭，不斷地在提醒我五十年前的「刻書人」生涯。

【世界日報】（上下古今）
1998-08-08

# 老編斷其頭、讀者取其中
## —— 如此藉題發揮

### 鐵　夫

　　筆者老來學塗鴉鴉，完全爲了自娛，承美東時報提供園地，我好生得意，樂在其中。老闆爲求附合其「爲社區服務」宗旨，曾三令五申，明訓暗示，希望我儘量擺脫「自我」。

　　但因才疏學淺，依然要以「本身」周遭發生的事事物物爲主題，才能擠出幾個大字來。我之不作無病呻吟，亦不參與論戰，一方面固然是因有學識貧乏（尤其醫學方面）的自知之明，主要的還是不願惹是生非，開罪於善良的個人或群體。所以這三四年來，無論「西洋鏡」，或是「僑窗觀景」，多半係藉「親身」經歷，或感觸來反應社會百態。且在多數拙作中，不是拿自己揶揄一番，就是對著「無法」還嘴的「對象」有「的」放矢一通。十月十四日的「在北美的中國神醫那裡去了」，是在本身受騙，氣憤之餘，趁著陳女士護權案件借題發揮的拙文。

　　家人與一丁姓朋友因不良於行多時，在「只有中醫

才醫得好」的「沙文主義」影響下，各自根據此間華文報紙的中醫廣告，遍訪紐約的中國「神醫」，而至今仍無起色。這些郎中非但騙取了我許多血汗錢，還耽誤了內人的病情。在投告無門，百般無奈之氣憤下，借題問一聲「在北美的神醫那裡去了」，我想並不為過。

　　我無意撻伐「中醫」，也沒有資格對「中醫」作「褒」或「貶」，更不敢否定「真正中醫」對中華民族之貢獻。只是奇怪在此地（北美）的某些中國「神醫」，既然能自吹自擂，說得天花亂墜，為什麼在這種節骨眼裡，不能站出來以其「神奇」「醫理」為陳女士做個證人，打贏這場官司，免得人家反咬一口，說她是「沙文主義」者。

　　在拙文的「標題」上所指，就是那「在北美的」「神醫」（指非真正中醫）。不料編輯先生在「斧」正時，將標題上特別強調的「在北美的」（之所以用「北美」而不單指紐約，是因為陳女士身在美國，而受到的關心遍及美加）等字樣一斧砍去（變成「中國神醫那裡去了」），以致從刊登出的標題上看，遂使我有了冒犯「全中國」中醫之嫌，且有瀆曹先生清神，依「題」議事，以示錦注。（編按－謹向鐵夫先生致歉）

　　走筆至此，要特別向老編聲明，我非但對您這一「斧」不表抗議，還要感謝您使我拋出一塊磚，引來曹先生（編按指曹維鳴）一塊玉。曹先生針對那斷了頭的「標題」所發表的文章，是一篇知識性的宏論，本人實在從中得益匪淺。同時也又給本人一個借題發揮的機會，來繼續

數落那些「在北美」不是「真正中醫」，卻冒用「中醫」之名的郎中，庸醫，神醫乃至蒙古大夫，用不當手段，不實廣告，甚而玩文字遊戲來騙病家「洋」鈿，以致耽誤病家病情的不道德行為。

　　本人對曹先生的「中西醫結合」觀點頗有同感，對「中醫」在「此間」因受洋人沙文主義影響，而得不到應有地位一點也十分同惰，對呼籲「中醫」「團結一致」尤其表示贊成。不過本人殷切希望，中醫要團結，必須像曹先生所說，「要著意自我約束」。非但應該將那些既無醫道又無醫德（雖用「望」、「聞」、「問」、「切」方法也不懂得探出病因，就亂投藥害人者）的敗類，排除在外，還千萬不能讓那些在這個極度文明的社會裡，仍在用早年在中國農村的巫術或祖傳秘方（今天在紐約，居然還有人在用火罐拔痧吸毒，銅板沾油括痧，竹筒拔淤血，茶盅盛米念咒麿擦患部消腫，甚至飲用焚化符咒和香灰的「仙」水來醫病）來行醫的郎中，與「真正中醫」們相結合，以免更進一步有害於「中醫」。

【美東時報】

1990-11-25

# 馬可孛羅與何仙姑各顯神通

鐵　夫

　　從那年五月十六（星期日）（按：一九八二年）開始，NBC 電視台盛大播影出「馬可孛羅」；一連四天，都在黃金時段，一共要花十個小時來觀賞這部耗資逾千萬美元的鉅片。未播之前，電視台早已大事宣傳，觀眾拭目以待也已經很久；尤其許多僑胞，包括我本人在內，更是早就安排時間，一睹為快，不論他是來自何方，生在那裡，凡是龍的傳人，對這部電視影片都帶有一絲絲情感；因為它所記載的絕大多數是有關於「馬可孛羅」東遊「中國」的事事物物。

　　第二天所演出的主題，在於敘述「馬可孛羅」等人是如何歷盡千辛萬苦，才能到達中國的過程。遠在七百來年前，科學如此之不昌明，交通工具又那樣的簡陋，幾個「番人」能遠從威尼斯到達華夏中原，其偉大之處，比起今天太空人登陸月球毫無遜色。「馬可孛羅」遊倦歸去，闊談山海經而無人採信，那不足為奇；當時眾聽官並不是不願聽，實在是不敢信，因為那簡直是不可思

議的神話！我想在「馬可孛羅」之前，像他父親一樣遍佈足跡於歐亞之間的人一定還有，只是沒有成功；即使成功了，由於沒有記載，後人也無從得知。

　　那是洋人作華夏之遊的記載，至於我們的先民對於「旅遊」似乎也不含糊：以今天（凡有太陽的地方都會見到中國人）的這個事實，就可證明我們的先民是何等的喜愛旅遊，並富有冒險精神。他們是如何遍跡天下的，單以現在眼光想像當時的情景，若說馬可孛羅到達這個東方神祕之國被指是「謠言惑眾」，那我們祖先的旅遊事蹟，要是說出來，該被砍腦袋了。然而我們祖先所留下的卻是千真萬確的記錄。

　　這次來美途中遇到一位目不識丁，卻說得一口方言的老太太，她那七遊新大陸的經驗，使我更加確信我們的祖先一定有遊歷世界的能耐，且其成就必定遠勝過馬可孛羅到中國來學拿筷子，吃米飯、做炸醬麵。說到那位老太太，話得回到一九八一年八月下旬首途來美說起。那是幾位女流之輩在旅途中的情景。

　　由於兒女教育問題「在當年，差不多是舉家移民美國的共同（理由）」移居美國的提案是早經反覆無數次的家庭會議所通過了的。內人早在前年夏天帶了感冒未癒的一兒一女做了開路先鋒，去年七月間大兒子也退伍還鄉，去鍍金喝洋水了；同年八月廿四日，我是全家最後一員首途到紐約與家人團聚。

　　以前曾有多次出國的經驗，對於「坐飛機」不再激

動得挑起我的情緒，況且前去與家人團圓，應該是高興而無離愁；可是當我進入候機室，三兩至親好友前來叮嚀囑咐、握手祝福時，猛然醒來，發現原來自已正再度離鄉背景，跨上人生另一陌生的旅途。是喜是愁難以形容，也無法分析，只覺得自已情緒非常複雜，且再也抑止不住它的起伏。

　　怎麼進的機艙不復記憶，待我定神坐下，發現坐在我旁邊的不是同行張先生父子二位中的任何一位，左右兩位雖然都還是同胞，但以前從未見過。右手邊是位嬌美的女孩子，年齡大概和我的女兒不相上下；因為飛機是香港起飛的，不知她是過境的，還是從台北出發的，從她恐懼不安的表情上，斷定她是第一次遠行，甚至乘飛機也不曾有過經驗。此情此景，勾起我年少時第一次出遠門，那些緊張恐懼痛苦的回憶，尤其想到自已妻子兒女，漂洋過海，浪跡番邦，可能發生的無助、尷尬、自卑種種情況，惻隱之心不禁油然而生。我以老於經驗，且是長者之心態，試著去解除她精神上的壓力，圖使她能感到旅途愉快，但是當我要開口向她表示友善時，只見她雙目緊閉，故作養神之狀，其實她可能正在作駝鳥式的躲避現實。也許她正在背誦出門前，她媽媽對她的叮囑—「女孩兒家出門在外務必小心，言語要嚴謹，態度要莊重而矜持，尤其要留神坐在你旁邊的男人是不是不良少年，或是無賴老漢；沒有把握決不開口，閉目養神是為上策……」，哇！想到這裡，不禁失笑；當時真

慶幸自已老成「自」重，未有絲毫輕舉妄動，否則也許會弄得自討沒趣。自此我的一舉一動，處處刻意顯出道貌岸然、長者之風，千萬不能讓她有個無賴老漢（不良「少年」已經沒有我份，要裝也裝不成了）之不良印象。飛機大概正在琉球上空，機艙內顯得十分安靜平穩，空姐們開始穿梭走道分配飲料點心。記不得怎麼的，將這位睡美人吵醒了來，也不記得空姐出了一點什麼差錯，使她發覺在鄰座的不是老漢一條，而是頗有仁者風範的老阿伯。從此，她不再那麼像隻驚弓之鳥。我也知道了她是位應屆大學畢業生，其目標是麻州，目的當然是照著父母望女成凰之願望去留學了。

空中少爺們協助那小姐七手八腳將杯盤收走，座位恢復原狀，大家將坐姿自我調整到自己認為最舒適的位子，休息的休息、聊天的聊天，那位小姐也恢復了青年應有的氣息，我則有一種遵行了「助人為快樂之本」守則的快慰。

從台北起飛時，機艙裡的播音，中國話的份量與英語是對等的，一二小時後就漸漸變少，再過一程差不多都代之以日本話了。縱然飛機還是同一架，乘客與機員也未曾在空中交換過，但氣氛上卻教人感受到已不在自已的國家了；果然，不一會兒，那架巨無霸已滑進另一國家的飛機場之停機坪。甫出機門，周遭的人還是四個鐘頭以來同機共濟的熟面孔，由於本機旅客以同胞居多，當然我中華鄉音仍不絕於耳；可是一到長廊盡頭，

景像突變，快如電影鏡頭，同機的同胞縱然還在，但在人群中所佔的比例，卻如一瓶墨水傾入大海，沒有濃度了，鄉音也不再發生功效。那是國際聞名的成田機場，飛機種類之多，起落之頻繁，人種之複雜，旅客之眾，當不在話下。載我們來的那隻大鳥就這樣將我們放下不管，它卻忙著要將另外一些同胞送回我們原來所居住的地方去。至於我們，因為目的地還遠在太平洋彼岸，要在此轉機繼續行程，所以被引導到過境室辦理再登機手續。搭飛機旅行的人最感討厭的就是轉機；延誤行程，遺失行李等錯失，常由此而起。轉機注意事項又往往臨時布告或廣播，以致不常旅遊的人常視轉機為畏途，尤其對我們國人，更是一種殘酷無情的折磨與虐待。

除了自己本國和香港外，飛機場裡大概就沒有華語發音了（新加坡我沒去過，不知道）。平時即使用本國語言，透過擴音器聽起來就已經比較吃力，一旦聽到「蕃話」，就算外語刮刮叫的人，也得專心傾聽，何況從無外語訓練或不太靈光的人。因此，常常旅行的人可以在候機室常見到航空公司穿制服的職員手拿名牌，急得滿頭大汗，到處（洗手間更不放過）鼠竄，地毯式的「看相」找人去快快登機，否則那隻大鵬鳥就要振翅而去了。

雖然根據行程表記載，我們來東京成田換機時間有兩三個小時之譜，時間充裕，且可逛逛免稅商店；可是大家一下飛機，第一要去的地方就是辦理換機登記處。

我們因為還有一段漫長的路程要繼續，希望能和熟

人坐在一起，一方面可以聊聊，同時互相照應起來也比較方便，因此我和張先生父子二人不約而同地在尋找彼此，那位女留學生也跟隨著我們。我們排隊的位子不是殿後，也不是頭前，主要的是想能有個「前車」可鑑，如此，既不致落伍，也不會使「阿木林」的原形畢露。

隊陣徐徐前進，那位小姐在我們中間倒也顯得自然若定，突然間不知從何處閃出另外一位姑娘，打恭作揖地欺我而來，正猶疑好奇間，卻聽得其開口說道：「這位伯伯您好，我是要到美國去讀書，但這是我第一次出門，心裡很害怕，您可以照顧我嗎？」我不禁給這突如其來的請求愣住了，張先生父子也難免投出奇異的眼光打量著她，我想他們當時也要看看我如何應付這個場面。平時，我似乎是個愛多管閒事的一型人，常為助人自得其樂一番，當時的直接反應無疑是接受她的「求」。不過這個決定也是在短短數秒鐘間經過好幾個閃電式的假定所做成的結論。第一，阿Q告訴我，我受到了「尊重」；第二，在風度上，我是個已經被肯定了的長者，當然，也代表著我並不討人厭，更不像是老漢一條；就憑這兩點就已做了百分之五十以上的決定。當然在霎時間也對自已提出了一些警告：害人之心不可有，防人之心不可無。第一，想到萬一她是白鴿黨的人怎麼辦？（雖然自已以年老長者自居，尤以自認知天命之年，不再有桃花運可交，但穿起西裝，別人看來也許還風度翩翩；那方臉大耳，冒充個把總經理、董事長，且身邊馬克馬

克，也可令人置信不疑的），第二，隨便硬充好漢強出頭當護花使者，要是引起張先生醋意，進而到了紐約向我太太參奏一本（張先生伉儷爲內人同事而非我知己，要袒護的決非我方），說我惹花拈草，又如何洗清罪過？說時慢那時快，在答應那姑娘照應之同時，跟著就有了一個解決之道，而且仍然不會有損「助人爲快樂之本」的守則；我立即將她介紹與前面的小姐相識。她知道了前面的那位小姐也在我保護之下，從其眼神中看得出來，也正欣賞著她自己果然沒有看錯人的慧眼。我們的隊陣還沒有前進幾步，她倆就親如姐妹般吱吱喳喳，似乎在同一把保護傘下又多了一個聯手。待位置劃定，發現我和張先生父子在同一區，此二姝郤被劃到鄰近的另一區去了。爲恐她們失去安全感，又怕她們聯手後對我起懷疑，爲求兩全之計，就在登機之前向她們表示我仍會長相左右，同時給了她們我在紐約的地址與電話（而並沒有向她們索取地址電話，甚至她們姓什麼，叫什麼也不想去問，以表明決不「無賴」的心跡），尤其令她們安心的是，我告訴她們說，到了紐約，我的太太和比她們年紀還大的兒子女兒會來接我……這時好像聽到有人在說：啊！老阿伯不是壞人。

　　領得登機卡同時，也知道了應該在那一號登機門上機，閘門未開之前大家就得在外側候機圈（一個大候機室有好幾個登機門輻射式地分佈在周圍，每一個登機門外側都有椅子以供候機者坐用，在各登機門外面並沒有

隔間，只以低矮欄杆劃清範圍，像這樣「範圍」不能以
「室」名之，故我稱之爲「圈」）坐候。當我們循號走
向 419 號（正確號碼不復記憶）圈，只見一片陰暗不見
一人，名牌上飛機番號、起飛時間，以至目的地也不相
符。緊隔壁 417 圈電燈開著，雖然也不見一人，從名牌
上顯示這裡有一架泛美飛向北平的巨無霸，至少應該滑
向跑道去等候起飛指令了。大家正爲登機卡上所指示的
419 圈無人而納悶，對面 415 號名牌亮起，卻標示了我
們要乘的班機號碼，和目的地「紐約」；但時間與經由
途徑又不盡相同，只見三五成群，議論紛紛，互相猜測
卻毫無結果。此時，突然從空間傳出一句既熟悉且富有
親切感的鄉音「哪！識字格，懂閒話格，倒去問問看，
倒底是那能一椿事体……」，聲音清晰宏亮，顯然出自
一位婦道人家之口，卻使我在好奇中帶有三分羞愧。並
不是因爲她說的一口寧波土音爲她難過，而是覺得她那
口氣有些令人反感；於是由於好奇心驅使，循聲去找那
聲音來源。卻見一位中等身材，五六十歲，打扮既不時
髦、也不太土的婦人，在人群中好像音樂指揮一樣，正
在指使著幾位並不相識的青年人去「問問看」；由於好
生奇怪，對於她只叫別人家去「看看」而自己不去「問
問」一事很想探個究竟，很自然地靠近了她。在有意地
「竊聽」她與另一位中年婦人的高聲談話後，這才知道，
她是個目不識丁的文盲，非但對洋文盲，對中文也盲，
雖然她的大嗓門可以遠播他方，可是既不能講英語，也

不會說國語，自然她對於語文（除寧波話外）的造詣，是瞎、聾、啞齊備了。

縱然如此，她對於剛才那種混亂卻毫不驚慌；我原以為她是個冒充大智者，只要充耳不聽，眼不見為淨，自然就篤定了，可是事實上她要坐飛機到美國去探望她兒兒孫孫的，她怎麼可以半途而廢作灑脫狀，或賴著不走呢？越想越奇怪，惴惴中有股推力驅使我用上海話和她攀談起來；至此才知道這位姑奶奶在這條路上已經來回走過六次了，這是第七次的「前往」，再三個月還要經過這裡「返回」呢！各位看官（包括我自己在內，）也許不禁要說，她已經有了六次經驗，難怪如此瀟灑了，可是你可知道她第一次的經驗嗎？她是在又「聾」又「瞎」且又「啞」而無人攙扶（那時國人出國旅遊者尚很稀罕）的情形下，去到太平洋彼岸見到她兒女的！我對她肅然起敬之餘，又在自以為是「同情的心態下，故意地去勾起她第一次遠航西洋的痛苦回憶。因為「聾」、「瞎」、「啞」俱備，第一趟路程上所遭遇到的重重困難當不在話下，要不是她具有堅忍不拔的毅力，連第二次的嘗試都沒有了，當然更不會有今次的第七回。她是津津樂道說得起勁，我是靜靜聽得出神。什麼時候大夥兒又從415回到419號候機圈去的已經一點記憶都沒有。

在419圈裡，只見剛才與那位目不識丁的老太太聊天的中年婦人，長得眉目清秀，是位受過教育的時代女性，但並不新過時下在台北開始流行的迪斯可型，她之

引起我的注意，是由於她的兒子玩耍時踢倒了我的手提箱。那小男孩五六歲，聰明伶俐，活潑可愛；在長時間的等待中，難免四處活動一番；奔跑中不慎踢翻我的箱子，媽媽急忙跑來道歉。相談之下，原來是建國南路宿舍的近鄰。她那男孩因爲患有有先天性眼疾，非到美國開刀不可，此番遠行也屬單槍匹馬第一遭，一路上也難免膽怯心慌；但見她沿途沉著應付倒也可列入「何仙姑」過海的群雌榜！

山海經、龍門陣、大家正天南地北說得起勁，只見那位老太太霍然地站了起來，手指長廊入口處，高聲喊道：「卡特，你們看，那是美國賣花生的卡特！」頓時在419圈裡的人好像在軍訓令下，同時向右看齊。真見那農夫卡特肩背兩套西裝，在前護後擁的電視記者不斷嚓嚓拍攝之下，和他太太併肩朝著我們419圈走來，那位老太太一直不停用那道地寧波官話咒那"赤佬"、"壞蛋"，說他不顧道義，對不起我中華民國，活該這次競選不上總統，將來也不得好死……卡特過419圈而不入，卻走進了隔圈417飛北京的登機門，安全人員見卡特前腳一進，立即就將門掩上。這才發現，我們被捉狹了老半天，原來爲的就是他！那老太太顯得更氣，嗓門更大，怒罵那該死的"赤佬"。卡特會聽到，但沒有聽懂，他可能還以爲這位「中國友人」在向他呼歡迎口號呢！

一個「潑婦」在國際性的機場上當眾「罵街」，任

憑她是那國人，她的同胞總會覺得羞愧，甚至當場阻止
她這種不文明的撒野。可是此情此景，凡我在場同胞，
誰會說她是潑婦？誰會覺得羞愧？誰會說她是盲者？聾
子？她高聲罵了那不講道義的偽善者，證明並不是啞
吧。她是智者，她是勇者，怪不得她能七遊新大陸而不
畏懼。

【美東時報】

1990-07-22

# 演戲春秋
## ── 萬世「小狗」

### 鐵　夫

　　當我 1947 年進入當時的台灣省立工學院，它是座沒有女生的清一色和尚廟。第二年，學校開禁招收起應屆高中畢業的女生；在原來一片死氣沉沉的校園裡，突然平添了十二位當時被視為稀有動物的異性同學，使整個校園變得生趣盎然，朝氣蓬勃。

　　既有了女生，校方為增添生色，於是開啟先河，容許成立一般內地校園都有的，諸如：話劇社、歌詠隊等社團。由於語言關係，加上剛脫離日本奴化教育的本省同學比較保守，故而參加的，多屬因離鄉背井，需要群體生活，且來自內地的同學。我也因此參加了相繼成立的歌詠團、國樂社和話劇社。

　　1949 年話劇團排出的第一齣戲，是從西方戲劇中翻譯過來的諷刺劇 ── 欽差大臣。我因為不會講「話」（我只會講也不是很道地的上海話，南腔北調的「國語」還是向台灣同學學來的），遂被派演一個混身發臭的衛生

局長。記得這個角色好像只有一句台詞，我反覆練習了很久，在演出時卻還是講得結結巴巴。

據說，當晚在中正路延平戲院公演得相當成功。於是話劇社乘勝追擊，接著就籌備演出另一個大型話劇《萬世師表》。此時由於大陸的變色，除了招考的新生中增加了許多外省籍同學外，還多了不少位轉學來的插班生；在教職員當中，也增加了多位對課外活動頗富經驗的講師和助教。他們幾乎個個都能講「國語」，所以在《萬世師表》的演員表中，再也不必有像我一樣不會講「話」的演員出現了。不過，我在這齣戲中仍舊參加了演出，且得到滿堂的「笑果」。

原來按照劇本，應該有隻綿羊帶上台的，但怕到時羊隻不聽使喚而演砸了不好，導演決定用狗叫聲來替代。那個時代，不像現在可以用錄放音系統來解決狗叫問題，導演只好在幕後人員中，找一位會學狗叫的人。經過多次挑選，我被選中了作為幕後的狗叫效果。

那天的隆重演出，並不是在街上的大戲院，而是在學校的禮堂；觀眾很多，多得坐無虛席。因為那是一齣富教育性的大型劇，觀眾中不少是教育界的人仕。那後來成為我內人至今的張寧同學，在這齣描寫抗戰時期一位教授如何為教育犧牲奉獻的劇中，扮演的是該教授家中的一個老傭人；她佝僂著身軀，把那教授一家如何為教育而熬過，令人鼻酸的清苦生活，刻劃得入木三分；將全劇帶入了令人一掬同情淚的凝重氣氛；凡曾身歷其

境過的師長們無不為之動容唏吁。

　　劇情在悲戚氣氛中行雲流水般的進行著，到了原來劇本裡應該帶羊上場的情節上，我就學狗吠叫了幾聲，不料一片鴉雀無聲，幽暗的觀眾席上突然爆出一陣哄堂大笑。原來，那並不是因為我叫得精彩，而是當我吠叫的時候，在禮堂附近的野狗以為我真是牠們的同類，呼應著也叫，而且叫的不只一隻，在禮堂四週的兄弟們都叫了起來。在這狗聲四起的情形下，叫觀眾們怎能忍得住不笑！

　　從此，我在校園裡多了個「小狗」的名號。現今已是七十有五的老狗一條，前不久到加州探親訪友，還有當年老友，背著我的兒孫，直喊我「小狗」，以示彼此交情之「老」。

　　這一聲「小狗」使我年輕了許多，我希望能永保青春，當個「萬世小狗」。

【世界副刊】

2004-05-13

# 投稿心情

## ── 一稿兩三吃

鐵　夫

　　老朽到知天命之後，將近耳順之年前，才開始學寫。當時紐約的某週報剛開始發刊，我試著向該報所開放的園地投稿；承蒙老闆兼老編先生在栽培寫作新人的崇高理念下，刊登了我的處女作，這給了我莫大的鼓舞。從此就常在候工（當時任郵政機構的電子技術員）的空檔，伏在工具箱上，儘量為該「週報」一週寫上一篇稿。

　　向該報供稿數年，並未領到稿費；然而，正如該老闆所說：「你不是名作家，能給你園地發表你的作品，就是給你的稿酬了」。故而只要作品能見報，就會感到安慰、興奮，也覺得爬格子的辛勞有了報酬。

　　在其間，常常遇到退稿，甚至被揶揄、鄙棄的挫折，但從老編那兒卻學到了許多寫作、投稿的經驗。後來向世副家園版投出的稿，居然也蒙青睞，且有稿費可領，更有被肯定的感受；這種歡愉的心情，決非筆墨所能形容者。

　　不久該週報停辦，但我對塗鴉鴉已產生了濃厚的興趣，於是轉而專心向世界日報副刊的各版，如家園版、副刊、上下古今版投稿。我投稿的「報」紙，所以之只有世界日報，除了它是我每天所看的惟一中文報外，因為它行銷量大，且遍佈北美甚至世界各地；尤甚者，每當有我文章見報，必有各地識我者來電致意，令我阿Q非常。

　　至於「刊物」，只有在《海外學人》偶而見到我的文章。但我絕不作一稿多投，除非投出後三月不見報，而得默許「自行處理」者，或每月話題在當月未經採用者，才作自行處理或轉投，而且對象也多限於世副的其他各版。

　　由於世副各版稿擠，選稿標準又高，卻不退稿，無以得知投出的稿是否石沉大海，也無法預料何時會刊出。以致每當稿件付郵一星期後，就每天早晨帶著滿懷希望去買報。報紙到手第一眼看過頭版大標題和新聞摘要後，立即就抽出第 G 版，以「家園」為封面的副刊，看看各版有沒有我的文章出現；有，當然高興，沒有，則帶來一天的鬱卒與失望；可憐老伴也就得看我一天的苦瓜臉。自從投稿以來，以每個月投出，而蒙採用的兩篇稿來說，一個月至多只有兩天，我的臉色是開朗的。

　　文章見報，當然是件樂不可支的大事，老伴也能撥雲見日，看到我真正的笑容。儘管稿費尚未到手，也不知道會有多少，當天一家人一定會到小館子打頓牙祭，

以示慶祝；等收到支票，在存銀行之便，又去吃一頓。兩頓吃下來，雖已花掉三倍於所得稿費，其樂卻無窮。

　　文章見於世副，一稿必定兩吃；若在《海外學人》，更會一稿三吃，因為文章在該刊登出後，必先寄來一張以台幣核算的收據，要我簽後寄回，再據以開發美金支票寄來；當收到這張收據時，因為稿費已在望，高興之餘，當然也會去祭下五臟廟，以示慰勞。

　　一稿從登出、收據寄到、繼而收到支票，相繼吃上三頓，其中兩頓可是從老伴買菜錢中扣克下來的；難怪她再不敢恭維、領教我的爬格子（事實上早已改用自己創始的輸入法上了電腦）生涯，尤其不想再看到我一個月至少有二十八天的苦瓜臉了。

【世界日報】（家園）
1998-12-18

# 滅中文・亡中國
## ── 中文豈可羅馬化？

### 金　亮

　　此一「作文」題，乍看之下似有危言聳聽之嫌，但若靜下仔細思量，此話並不誇張。「中文」滅，非但「中國」必亡無疑，就整個人類文明也會因此停滯，甚至相對地倒退。因爲應用中國「字」的人最「老」，也最「多」，有關人類大部份的文明演變過程，藏在中國「字」裡的資訊也最豐富。世界上一旦沒有了「中文」，中國人就會立即變成剛被其他「文明人」所發掘到的「原始人」。科學家們以後在爲「新」科技著書立說時再也無從加上一句「……這是中國古時 XX 朝代就曾蘊育了的思想……」甚至說「……這是中國曾經成功過的發明……」。原來的中國「字」要是被其他形式之文字取代，也等於「中文」之被消滅。其結果比起一個國家的武裝被其他國家解除，繼而加以統治，要慘上千萬倍；如果成真，將不單是中國人的空前浩劫，也將是全人類的大悲劇。

　　最近從報章得悉那些「中國文字改革—中文全面羅馬化之推行家」又要使那堆死灰復燃：並將仗「洋」學者、挾「新」科技「電腦之氣勢，要在明年的湖南中文電腦會議上捲土重來，藉使沉寂已久的「中文羅馬化」能以借屍還魂，本文希望能及早發生一點醒腦作用。

　　所謂「中文羅馬化」，就是要將我們的方塊字從世界上消滅，而代之以羅馬字母為符號的國語注音。寫起文章來，將不再是具有形、聲、義的中國字一，而只是由三、五個英文字母的組合（其實就是慣用的注音符號之另一種形式 — 相當於國府教育部所公佈推行的國語注音第二式和大陸上現在所用的漢語拼音）。那僅是中國「語」裡的一千三百多個單音（數以萬計的中國字，歸納起來的發音僅有一千三百多），根本談不上是什麼「文字」。即使再有文學涵養的大文豪，假使只用「音符」寫出來的文章，看上去和台灣初小學生用注音符號寫來交卷的「作文」就不相上下了。如果我們的文字被「羅馬化」，那我們就會從原來最有文化的民族，變為地球上十億隻只能發一千三百多個單音的螻蟻。

　　我們中國雖有千百種「方言」，但能凝固成一個永遠擊不碎的偉大民族整體，那就是因為那些不同「發音」的方言，都來自同一種文字記號。近年來，鄰近的番邦異族要如火如荼，不擇手段地排除「漢字」，其用意是躲避這個以中國「字」為燃料而溫高無比的大熔爐（滿州人入中原被同化得無蹤無影，就是一例）。北極熊處

心積慮要滅亡中國，曾唆使一群鷹犬爪牙，要在中國實行所謂「中文羅馬化」，其目的就是要先滅中文，繼而亡中國。它要使我們從最悠久文明的民族，變為今天世界上最不（無法）懂得自己歷史文化的十億原始人。要使我們的後代子孫因為無法（不懂）繼承先人的歷史文化，乃至科學文明方面的豐富遺產，而淪為現代世界上最落後的「人類」。北極熊之毒辣陰險由此可見一斑，「所幸祖上餘蔭庇祐，使劊子手發現天良，得以停止「惡化」。可是，在世界上還有一些中毒過深，且有過「貢獻」的餘孽，仍在為他們曾經沾到一些邊的既有「成就」而掙扎。他們明知中文羅馬化已不為全民所歡迎，卻在不敢面對全民的「文化保衛戰」情勢下，來個聲東擊西，要用現代誰都不敢拒絕的「中文電腦化」來混淆視聽。他們的理由似乎很動聽，認為在今天的知識爆炸的時代裡，人機「電腦）共棲已成必然的趨勢，中國要趕上時代就得「中文」電腦化。由於電腦只識 ABC，而不懂方塊字，所以將「中文」徹底改為「洋化」，才是「中文電腦化」必經之途。殊不知中文電腦化的途徑很多，羅馬拼音輸入法也已很普遍；然其中要「改革」中文的倡議，多屬削足適履的做法。「中文全面羅馬化」更是一條本末倒置的死胡同。

　　茲就「中文」「電腦化」必先「羅馬化」方面的問題，提出幾點，就教於各位先進學者：

　　一、中文電腦化的原來目的，是要將藏有無限知識

的「中國字」能順利進出電腦而加以處理；現若將中文羅馬化，則只懂中國「話」「發音」的中國人，再也無法認識中國「字」，「中文」就不再有「電腦化」之必要。

二、中國文化之博大精深，就是在於文字之豐富。往往同一個發音就有許多不同意義的不同字形（如一、意、義、毅、弋、逸……就有上百個之多）。用羅馬字拼成的單音和有限的片詞，不但無法說明前人所記載的科學知識，更難表達文學著作和哲學思想。

三、單就中國上千的「姓」，就有許多同音字，十億人的名字，同音者更是不計其數；若用簡單的幾個英文字母來代替上千的中國族系，勢將回歸到「老」的一「百姓」了。

四、在資訊加速爆炸的今天，要用一種「新」文字（羅馬化後的一千三百多個單音）將佔地球上人口五分之一的中國人教育得像「洋人」今天用「洋」電腦的那種知識程度，要多久的時間？多大的投資？師資如何培育？要多久才能普及？教材如何準備？尤其如何達到「趕上時代」的目的？這顯然是大躍退！

五、如何繼承先人文化遺產？誰有資格將先人所遺留之無窮珍貴資料「翻譯」成不能再「簡單」的「羅馬化中文」。

六、中文羅馬化初期（在青黃不接時期），將要造成多大文化斷層？政府與民間既存而必須繼續進行的作業文件，由何人充當翻譯？要化多少人力和物力？又，

全國上下因文字之混淆不清而發生的糾紛和訴訟，如何解決？誰是判官？

　　七、何時能使十億人同時能說那由一千三百多個單音所組成的同一種「標準」國語？一千三百多個單音能充當起成千種方言間之溝通橋樑嗎？

　　也許有人認爲我是空穴來風，但事實上我並不是捕風捉影，因我在紐約就曾收到過多次沒有「中國字」的「中文」刊物，這足以說明確有其事，也確有其人。不過我倒希望那些「愛中國」的學者，見到本文能立即懸崖勒馬，回過頭來矢口「否認」，甚至反咬一口說我是杞人憂天，「無」中生「有」的瘋子，則我等識「中國字」的人幸甚，中華民族幸甚！

【美東時報】

1989-02-26

# 未來文明興起，固有文化毀滅
## ── 失之東隅收之桑榆，焉知非福

景　亮

　　日前與幾位朋友擺龍門陣。談起「我見」──「從親屬稱謂之興衰，見中華文化之式微」，其中有兩位爲之與我大抬其槓。王兄說我杞人憂天，他認爲「親屬稱謂」之「簡化」，尚不致於影響到整個固有文化之延續。另一位研究「未來學」的朱兄，則認爲「家譜「之萎縮」，固然會造成「固有文化」之式微，但卻能使我國「現代文明」，非但不再落於西人之後，而還會超越世界所有「先進」國家。

　　對王兄之質疑，並不難答覆，只要請問他，在中國固有文化之發展中，無論是歷史記載、政治、思想、宗教信仰、社稷形態、倫常禮教、道德規範、衣食住行，甚至武俠小說、言情故事，文藝作品，那一個「固有文化」之「環節」是不涉及「家」中「親屬關係」的？五千年來，如果在「家」中，沒有由兄、弟、姐、妹衍生出來的這麼多「親屬關係」，那會有「優秀」的「固有

文化」可言？（即使有，也是沒什麼值得驕傲的）。現今眼看這些「關係」即將消失，怎能不令人擔憂我國固有文化會被毀滅、遺忘呢？

對於「未來學」專家朱兄之「失之東隅，收之桑榆」怪論，雖不敢苟同他那「揚棄固有文化不足惜」的心態，但他那「未來文明」之超越「大躍進」，聽來似乎不無道理，值得深思。他在幾個假定下，對實行「一胎化」一百年後的「進步文明」所作之預測如下：

一、假定生男育女的數目相等：

1.胎兒鑑別之科技將進步得領先世界；轉變胎兒性別的諾貝爾獎，亦將由中國人捷足先得。

2.「女嬰殺戮」將不負刑責，「處埋」女嬰的「技術」與「行業」必將應運而生，大行其道。

3.人口將逐代半數（實際上會因男女數不等而致大於半數）遞滅，一百年後會恢復到一百年前之人口數。屆時以稀少的人口居住在地大物博，且科學昌明的中華大地，人們將過著舉世無雙的物質文明生活。中國將是比美國還要理想的移民對象「國」。

4.清明季節、祭祖上墳的，再也不會造成交通上的擁塞。

5.青年男女新婚之夜，不會再因有堂兄弟，表兄弟等捉狹鬼前來「攪局」鬧洞房，而浪費價值千金的一刻春宵。

6.沒有三姑六婆的「家」，將是世上最清潔溜溜的

超時代的小家庭組織。人們將享受最單純的天倫之樂」。

　　7.孤男寡女絕跡，婚配進入電腦化。

　　二、假定生男的多於育女的，在當代文明中將有幾項超越時代的大躍進：

　　1.男性同性戀者，不必上街示威遊行，就能獲准結爲「合法」夫妻，並得到合法「權益」之保障。

　　2.愛滋病治療法必將領先諸如美國等「落後」國家。

　　3.僧侶、神父將進入正當職業市場。

　　4.女權至上，導向母性社會，進而實行一妻多夫制。

　　5.紅燈區、綠燈戶，將是政府增加稅收、充裕國庫的「專賣」行業。

　　三、假定因水土不服，生態環境變異，而使生女者多於育男者，亦將衍生出應因的「進步文明」：

　　1.一夫多妻制當不在話下，「男妓」之出現，（甚至由國家統一經營之）也不足爲奇。在戰場保衛疆土的，將以巾幗英雄爲多，「敵兵」將紛紛聞風沓至，棄甲投降拜倒石榴裙下「求和」。使我大中國成爲所向無敵威震地球的超級「強」國。

　　2.尼姑、修女將是政府鼓勵從事的婦女行業。

　　四、假定中國的一胎化制度，嚴格執行下去，更將有下列諸「進步」現象：

　　1.因國家不供養第二胎不速之客，勢必造成女的墮胎合法化，男的閹割公開化。

　　2.「兄弟姊妹」之稱謂，將再不見於「正常」家庭

中。若要稱兄道弟，只有到西方教堂去。

　　3.只見友朋，沒了「親戚」。

　　4.美國移民法中之第五優先，對中國人而言，再無法享受其惠了。

　　百年的「一胎化」，五千年的固有文化當被鄙棄摧毀，惟超越時代的「進步」「文明」，肯定會興起。這是未來學家的預言，如你不服，且請留步不要走。等一百年後當可見分曉。至於是「禍」是「福」，更待後人去論斷了。

【美東時報】

1990-10-14

# 〈新老殘遊記〉卷頭語

鐵　夫

　　《老殘遊記》是咱們中國〈十大古典白話長篇小說〉叢書之一，爲清代劉顎所著。他之取名「老殘」，並不是因爲他本人老而殘，而是因爲眼見當時國家腐敗的現形幾乎成了一盤棋的殘局，卻視自已老之將至（其實《老殘遊記》成書時在 1903 年，他年僅 47 歲），惟恐光陰不再（他也的確命短，1909 年正值盛年，僅 53 歲就死於今天的新疆烏魯木齊），逐以悲天憐人的胸懷，寫成長篇通俗小說，以影射、反映出當時社會的一些隱憂。

　　而今我在趙會長率領下，藉與中國作家協會作交流訪問之便，作了一趙祖國旅遊。在此，之所以也要以「老殘」二字爲篇名作些雜記，是因爲我的確又「老」且「殘」，卻還自不量力，拖累了其他幾位好心團員。

　　我此行倒是比劉顎完成《老殘遊記》時整整大了三十歲，應該算得上是老了；同時我正患腳疾而不良於行，在行動方面也真應該歸入殘障的行列。所以以下所要記錄的都是些本「老殘」個人在旅途中自己所受的苦難與

折磨；其他不老不殘，或雖老卻不殘的團友們都還覺得是趟愉快且有意義之旅。

在本遊記中不會也無能耐對什麼「殘局」作出什麼建言。其實，一路走來並沒有看到有什麼要收的殘局；不過其中偶而可能會涉及些許導致增加我這老殘在旅遊中痛苦的社會不理想現象。然而，我之不諱言地涉及這些，無非是抱著對祖國愛之深責之切的心態。希望祖國在欣欣向榮的硬件建設的同時，也有更完美的軟件來及時配套。因為要面對世人的 2008 年即將來到，如果本老殘所提及的一些管見能上達天庭，進而使世人對我們國家的觀感更為美善，那就算老殘這趟苦頭吃得也值得。

至於在北京、上海等地與當地作家協會所做交流訪問、座談，對我個人而言當然是獲益匪淺，但不擬在此多作贅述。

正當我寫完以上這一段，而要繼續往下寫時，趙會長和石主編同時向我下了個艾德彌敦書，要我立刻交出有關此行的心得報告，我一時無以作答，在情急之下，就拿上面這段文字當作《新老殘遊記》的卷頭語先來覆命。容身體完全恢復後再行慢慢道來。望能獲得諒解。

【文薈】

2005-11

# 劉鶚與《老殘遊記》

## 鐵　夫

　　中國〈十大古典白話長篇小說〉之一的《老殘遊記》，為清代劉鶚（1857-1909）所著。該書在發表時他署名為"洪都百煉生"，後來改署"鴻都百煉生"。其實他的原名叫孟鵬，字雲摶，後來又改字為鐵雲。他是江蘇丹徒人，出身在封建官僚家庭，從小得到名師傳授學業。

　　他的父親劉成忠，咸豐二年（1852）進士，以御史出官河南，在天算、樂律、方技、詞章等諸方面，無不擅其妙。

　　劉鶚學識博雜，精於考古，他在算術、醫道、治河方面的成就，應該都是出自他的家學淵源。光緒二年（1876）和十二年（1886），曾兩度赴南京應鄉試未第，其間曾經從商並懸壺行醫。光緒十四年（1888）後，相繼在河南巡撫處和山東巡撫處任幕賓；主要為協助治理黃河，並且因而聲譽日盛。後經山東巡撫福潤保荐，入總理衙門，得以知府任用。不久，應外商的聘請，辭了官去主辦山西礦務，並和外國人士有所結交；晚年曾東

渡日本遊歷。

　　光緒三十四年（1908），清政府因他在庚子年（1900）八國聯軍攻入北京時，曾用賤價向聯軍購得太倉儲粟，設平糶局，賑濟京津饑民，遂加以私售倉粟的罪名將他逮捕流放新疆。次年七月，病死於迪化（即今烏魯木齊），時僅五十三歲。

　　他以"老殘"這個搖串鈴走江湖醫生的活動為線索，記述他在各地遊歷時的見聞；內容廣博，所涉三教九流，妓家賭場，通過輻射式的結構，廣泛地展示了晚清社會黑暗腐敗的內幕。尤其在揭露官場流弊方面，與一般小說常常專寫貪官者有所不同，他的重點卻是揭露諸如玉賢和剛弼兩位著名的所謂"清官"。

　　本書的另一個特色是作者語言精煉，富於表達能力；對書中人物的心理描寫，也有其獨到之處。魯迅曾稱這本書為「敘景狀物，時有可觀」。書中有二回，因為部份寫得非常精彩，所以早從二十年代起，就被作為範本，選入中學的語文課本。

　　劉鶚著作本書時，既不老也不殘，為何要將書中主人翁化名為"老殘"？從其自敘中則可窺知其用意。他在自敘中嘆道：「棋局已殘，吾人將老，欲不哭泣也得乎？吾知海內千芳，人間萬艷，必有與吾同哭同悲者焉！」

【世界日報】（上下古今）

2006-12-13